KB072996

탐욕과 이념의 대충돌

제2차 세계대전

차례
Contents

탐욕과 이념의 대충돌,
인류사 최악의 비극과 전쟁

제2차 세계대전은 '모든 전쟁을 끝내기 위한 전쟁'이었던 제1차 세계대전에 뒤이어 유럽인에게 절대 바라지 않던 악몽이 재현된 전쟁이었다.

전간기 불안정한 정세에서 괴이한 전체주의적 이념이 파생되었다. 소련의 공산주의, 독일이나 이탈리아의 파시즘, 그리고 일본의 군국주의 국가가 자유민주주의와 시장경제 체제를 추구하던 국가와 어떻게 대충돌을 일으켰는지 알아보자.

연합국이었던 소련의 스탈린 정권이 저지른 학살은 문명인이라고 자처했던 나치 독일인이 저지른 만행보다 더욱 참혹했다. 그러나 소련은 승자로서 독일을 법정에서 심판했다. 연합국도 종전 과정에서 전략 폭격을 통해 민간인을 수십만 명이나 살상했다.

국제정치와 역사를 선과 악으로 보는 관점과 현실과 이상에 대한 분별력의 기준은 어디에 두어야 할 것인가를 다시한 번 생각하게 한다.

전격전의 신화로부터 시작된 제2차 세계대전은 핵시대와 함께 냉전체제를 열었다. 이어서 반세기 동안 자유민주주의와 공산주의 국가는 각축을 벌였다. 그리고 지금 세계는 탈냉전이라는 새로운 질서를 맞이했다. 과연 인류는 평화롭게 생존을 누리고 있는지 의문이 든다.

특히 우리나라는 남북으로 분단되어 있기 때문에 평화를 지키는 것과, 평화에 대한 중요성을 더 강조하게 된다.

제2차 세계대전은 인류에게 많은 가르침과 교훈을 주는 역사의 거울이라고 한다.

이 책이 독자들에게 정치·군사·도덕적인 관점에서 미래에 발생할 수 있는 인류의 비극을 막을 수 있는 교훈의 원천이 되길 희망한다.

윤형호

제1장

제2차 세계대전
이전의 정세

전체주의의 등장

모든 전쟁을 끝내기 위한 전쟁이었던 제1차 세계대전은 1919년에 끝이 났으나 사실상 끝내지 못한 전쟁이 됐다. 품격 없는 문명의 탐욕이 빚어낸 제1차 세계대전의 소용돌이는 또 다른 탐욕과 광기 어린 이념이 뒤얽힌 새로운 대충돌을 잉태했다. 이 새로운 전쟁은 제1차 세계대전과는 다른 의미가 있는 진정한 세계대전이었다. 그리고 이 전쟁 이후 지구촌에서는 유럽 중심의 역사를 뒤로하고, 미국과 소련이라는 두 강대국을 중심으로 이념의 대결을 벌이는 새로운 현대사가 펼쳐졌다.

어처구니없게도 제2차 세계대전은 제1차 세계대전을 지

켜본 유럽인에게 절대 원하지 않던 악몽이 되풀이된 것이다. 제1차 세계대전이 제2차 세계대전에 준 교훈이란 고작 인류가 이후에 치를 총력전이라는 전쟁의 전형을 확실하게 보여주었다는 것이다. 국가가 가진 모든 자원과 노력을 결집해 인류의 고귀한 가치를 부서뜨리는 참혹한 전쟁을 벌이는 것이었다. 이런 측면에서 제2차 세계대전은 제1차 세계대전을 훨씬 능가했다. 제2차 세계대전에서 독일, 일본, 심지어 연합국이었던 소련, 그리고 민간인에 대한 공격 등이 저지른 대량 학살은 인간이 얼마나 잔인하게 인간을 살해하고 짓밟을 수 있는지를 적나라하게 보여주었다.

통상 제2차 세계대전에서는 전쟁을 일으킨 독일·이탈리아·일본을 추축국이라고 부르면서 악의 무리로 분류한다. 단순하게 볼 때 반대편에 섰던 연합국은 선의 무리로 분류될 수 있을 것이다. 그러나 소련이 연합국에 가담하면서 선과 악의 구분은 모호해진다. 어찌 보면 소련은 전쟁으로 질주하던 독일의 발호(跋扈)를 두둔했다. 그러나 소련은 독일이 배반하자 연합국에 합류했다. 대전 중 큰 피해를 겪자 독일에 못지않은 대량 학살을 저지르면서 잔혹하게 인권을 짓밟았던 국가이기도 했다. 이처럼 제2차 세계대전은 왜 옳고 그름을 구분하기 어려울 정도로 엉망진창이 되어버렸는가?

이 질문은 제1차 세계대전과 다른 제2차 세계대전의 원인을 설명하는 단서를 제공해준다.

20세기에 접어들면서 자본주의 폐해와 제국주의가 횡행하면서 유럽은 제1차 세계대전이라는 홍역을 감수했다. 제2차 세계대전에서도 이런 맥락은 유지됐다고 본다. 그러나 제2차 세계대전의 직접적인 원인은 이런 모순이 초래한 당시 유럽 사회가 처한 극단적인 이념적 갈등 상황에서 이해할 필요가 있다.

산업혁명 이후 유럽은 이른바 대중사회(mass society)[1]로 변화했고, 유럽 각 나라는 다양한 선택을 했다. 산업혁명이라는 급작스러운 변화가 초래한 유럽의 대중사회는 시민과 노동자 계층 간의 갈등 속에서 각각 세 가지 다른 역사적 선택을 했다. 서유럽 진영 국가는 자유민주주의, 시장경제, 그리고 시민계급과 노동자계급이 노동조합을 통한 갈등 해결의 방식을, 러시아나 동부 유럽에서는 공산주의나 인민민주주의를, 그리고 독일이나 이탈리아는 파시즘을 선택했다.

파시즘은 개인보다는 국가와 민족의 가치를 우위에 놓는 정치체제였다. 아렌트(Hannah Arendt)라는 학자는 대중사회가 선택한 세 가지 출구 중에서 공산주의나 나치즘을 전체주의[2]라는 하나의 범주로 보았다.[3] 제2차 세계대전은 제1차 세계대전과 마찬가지로 열강의 다툼과 전체주의라는 미친 이념의 등장이 빚은 갈등이 직접적인 원인이었다. 아렌트는 전체주의 특징을 대중의 획일성 추구에서 찾았다. 전체주의는 다양성을 도외시하고 인간이나 자연과의 유대를 끊어버리는 대중 선동과 여론 조작에 휩쓸렸다.

당시 유럽 사회에는 다양한 이념이 공존하면서도 불안정한 상태였다. 공산주의 국가로 등장한 소련이라는 이질적인 실체에 대한 국제사회의 거부감 속에서 동맹국들은 베르사유 체제에 대해 반발하면서 고통을 받았다. 그리고 영국과 같은 연합국 진영은 제1차 세계대전에서 승리했는데도 채무국으로 전락해 경제적 어려움을 겪었다. 서유럽 국가는 경제적 불안정으로 공산주의나 나치즘과 같은 전체주의로부터 평화를 지킬 힘과 의지가 없었다. 당시 서부 유럽은 독일과 소련에 대해 거리를 두었고, 독일과 소련을 불가촉천민과 같이 대접했다. 이런 상황에서 독일이 전쟁으로 질주하는 것을 뻔히 보면서도 서유럽 국가는 방관할 수밖에 없었다. 오히려 독일과 소련이 상호 견제하기를 희망했다. 이런 경향은 아시아까지 이어졌다. 국제사회는 일본이 중국이나 만주 침략을 방관하면서 소련을 압박해주기를 기대하며 제2차 세계대전의 발발을 방조하고 있었다.

독일의 전쟁 준비

제1차 세계대전 이후 제2차 세계대전이 발발하기까지 기간을 전간기(Interwar period)라고 하는데 일반적으로 1918년 말부터 1939년까지 기간을 말한다. 제1차 세계대전을 끝낸 베르사유 조약과 국제연맹 체제가 잘 작동됐다면 아마도 제2차 세계대전으로 전개되지 않았을지도 모른다.

제1차 세계대전은 패전국은 물론 승전국에도 큰 피해를 주었다. 유럽 경제는 전후에 더욱 피폐해졌다. 특히 패전국 독일은 민주공화국으로 재건되었으나 징벌적인 배상책임을 감당하지 못하고 나치 국가로 변모했다. 모든 어려움을 극복하는 방법으로 무력을 통한 전쟁에서 승리하는 방법을 선택했다.

　독일은 이른바 1918년 11월 혁명으로 제2제국이 붕괴되면서 바이마르 공화국으로 재탄생했다. 전간기 독일은 내부적으로 매우 불안정한 모습을 보였다. 1919년 바이마르 헌법에 따라 에베르트(Friedrich Ebert)를 초대 대통령으로 18개 연방으로 구성된 공화국이 성립됐다. 그러나 공산 단체의 준동과 재정난으로 바이마르 공화국 정치는 오히려 보수화되었다.

　이런 와중에 나치스(Nazis)[4] 세력이 등장했다. 아돌프 히틀러(Adolf Hitler)를 중심으로 괴링(Hermann Göring)이나 헤스(Rudolf Hess)와 같은 당시의 엘리트들이 가세하면서 제1정당으로 우뚝 섰다. 결국 1933년 바이마르 공화국을 무너뜨렸다. 1929년의 세계 대공황은 독일 경제에 큰 타격을 입혔다. 1932년 대통령 선거에서 히틀러는 힌덴부르크(Paul von Hindenburg) 후보에게 패했다. 그러나 공산주의를 싫어하는 당시의 지배세력은 히틀러를 지지했다. 힌덴부르크는 혼란을 수습하기 위해서 1933년 1월 히틀러를 독일 수상으로 임명했다.

　히틀러가 취임한 직후인 2월 27일 독일 국회의사당 방화사건은 제3제국으로 발전하는 데 획기적인 전기가 된다. 히틀러는 이 사건을 공산당의 범행으로 발표하고, 다음 날인

28일에는 대통령 긴급명령을 공포해 공산주의자를 비롯해 사회주의자나 민주주의자들의 정당을 해산했다. 그리고 다음 달인 3월 24일에는 입법부가 행정부에 입법권을 위임하는 소위 '전권 위임법'을 통과시켰다.

히틀러는 보수파와 군부의 협력을 얻어 공산주의 세력이나 반대파를 탄압하면서 1933년 7월 일당독재의 기틀을 확립했다. 그리고 1934년 4월 힌덴부르크 대통령이 사망하자 히틀러는 국민투표를 통해 대통령의 지위를 겸하면서 총통이 된다. 바이마르 공화정은 막을 내리고, 제3제국이 시작되면서 독일은 거침없이 전체주의 국가로 나아갔다.

히틀러는 이후 독일의 각종 단체와 조합 심지어 독일 국방군조차 나치당의 하부 조직으로 만들면서 독재자로서 독일 민족의 발전을 꾀했다. 히틀러는 독일을 경제적·외교적, 그리고 군비 확장 등 군사적 재건과 성과를 통해서 유럽의 최강국으로 내세웠고 독일 국민은 열광했다.

연합국의 계속된 유화정책과
추축국의 도발

제2차 세계대전이 발발하기 이전에 독일의 히틀러나 이탈리아의 무솔리니(Benito Mussolini), 그리고 일본은 주변국에 대한 침략을 계속했다. 연합국은 이에 대해 사실상 침묵으로 일관했다. 더욱이 국제연맹은 적절히 대응하지 못했다. 독일을 비롯해 일본·이탈리아와 같은 추축국은 전체주의적 야망을 키워나갔다.

먼저 일본은 20세기에 접어들면서 강대국으로 등장했다. 1905년 러·일전쟁에서 러시아를 물리쳤고, 제1차 세계대전에서는 연합국 편에 서면서 강대국으로 자리 잡았고, 국제연맹에도 가입했다.

일본은 강대국으로서 영향력을 확대해나가고자 했다. 일본은 민주국가처럼 보였으나 봉건적 천황제의 전통이 강하게 유지되었다. 그러나 국가 규모가 확대되면서 모순을 드러냈다. 국가 산업 확대를 뒷받침할 자원이 없는 나라였다. 일본의 봉건적 지도자는 이런 문제를 만주 침략과 뒤이은 중국과 전쟁, 그리고 동남아시아 국가에 대한 전쟁으로 해결하고자 했다.

그러나 태평양 지역에서 사실상 강대국인 미국은 일본에게 눈엣가시 같은 존재였다. 당시 미국은 제1차 세계대전 이후 경제적 호황으로 막대한 부를 누리면서 이른바 재즈라는 문화적 쾌락에 취해 태평양의 잠재적 적국이었던 일본의 성장에 관심을 두지 못했다. 그리고 1929년 대공황은 미국에 엄청난 타격인 데 반해, 일본에는 호기였다. 1931년 일본은 만주 침략을 감행하고 손쉽게 괴뢰 만주국을 수립했다.

국제연맹은 일본의 만주 침략을 비난하면서도 적절한 조치를 취할 수 없었다. 일본은 국제적인 비난에도 아랑곳하지 않고 더 많은 중국의 영토를 탐냈다. 당시 중국에서는 국공내전[5]이 벌어져서 장제스(蔣介石) 총통과 마오쩌둥(毛澤東)은 대결하고 있었다. 일본은 마침내 1936년 독일과 협약을 맺고 소련의 위협에 대비하고자 했다. 그리고 1937년 중·일전쟁을 일으켰다.

일본이 도발하자 미국은 해안 봉쇄를 주장했으나 전쟁 발발을 우려한 영국의 개입 거부로 적절한 조치를 할 수 없었다. 이에 루스벨트(Franklin D. Roosevelt) 대통령은 장제스 정부에 무기 구입 예산을 지원해주는 것으로 마무리했다. 1937년 일본의 침략이 본격화되자 국민당은 공산당과 제2차 국공 합작을 결성해 일본과 전쟁을 했다. 소련조차 만주 국경에서 몇 차례 일본군과 충돌을 벌인 것이 전부였다. 중국만이 일본과 맞서서 싸울 뿐이었다.

다음으로 이탈리아도 제1차 세계대전 이후 독재자 무솔리니가 등장해 우익 국가주의 당인 파시스트당을 조직했다. 1922년 로마 진군으로 이탈리아 왕은 무솔리니에게 정부를 구성토록 했다. 그는 모든 권력을 손아귀에 쥐고 파시스트 평의회를 통해서 독재했다. 집권 초기 이탈리아는 경제가 발전했고, 군사력도 강화됐다. 특히 지중해에서 해군은 영국과 프랑스 함대를 합한 것보다 큰 규모였다.

1929년 대공황 때도 이탈리아 경제는 잘 버텨내면서 국제적인 주목을 받았다. 히틀러조차 이탈리아의 파시스트 체제를 본보기로 삼으려고 했다. 무솔리니는 옛 로마의 영예를 되살리려고 했다.

이탈리아는 첫 제물로 아비시니아(에티오피아)를 선정했다. 1934년에 이탈리아는 아비시니아를 침공하려고 하자 아비시니아 황제 하일레 셀라시에는 국제연맹에 호소했다. 그러나 연맹은 아무런 조치를 하지 않았다. 영국의 외무장관 이든(Robert Anthony Eden)이 평화조약을 체결하고자 했으나 무솔리니는 전혀 관심을 보이지 않았다. 이탈리아는 1935년 10월 아비시니아를 침공했다. 심지어 베르사유 조약에서 금지된 가스탄 공습까지 감행하면서 무자비한 공격을 퍼부었다. 셀라시에 황제는 영국으로 망명했다. 국제연맹은 경제 제재를 가하려고 했으나 별 효과가 없었다.

이탈리아의 아비시니아 침공을 통해서 평화를 수호한다는 명분을 내세웠던 국제연맹의 무능함이 만천하에 드러났다. 더구나 당시 민주주의국가로서 강대국이었던 영국이나 프랑스도 소극적 대응을 보였을 뿐이다.

영국과 프랑스는 제1차 세계대전 이후 경제적으로 어려움을 겪고 있었다. 양국은 이미 1929년 대공황 이전에 모두 파업과 소요, 높은 실업을 보였다. 양국은 여전히 엄청난 식민 제국을 유지하기 위해서 큰 비용을 사용하면서 제1차 세계대전의 악몽을 겪고 있었다. 막대한 인명 손실로 군대의 규모를 축소했다. 소규모의 군으로 식민지 치안을 유지하고자 했다. 대공황을 겪으면서 군의 현대화에 대해서는 엄두도 내지 못했다. 영국과 프랑스는 경제적·군사적으로 매우 약화되었다.

특히 프랑스는 영국보다도 피해가 더 컸고 독일을 신뢰하지 않았다. 그러나 경제 문제와 출산율 감소 등으로 프랑스군은 독일군에 미치지 못했다. 이런 상황에서 프랑스는 유사시 독일의 공격에 대비하기 위해 방어를 강화하기로 했다. 이른바 마지노선(Maginot Line)이라는 방어 장벽을 1930년부터 독일에서부터 벨기에 국경까지 구축했다. 이는 설사 영국군이 지원군을 보낸다 해도 이탈리아 등에 대한 공격 능력이 없음을 의미했다. 정예 독일군과 이탈리아 군대에 대항할 능력이 매우 부족한 상황이었다. 당시는 대공황으로 이런 문제에 관심을 두지 못했다.

그리고 추축국의 중심인 독일에서는 히틀러가 1933년 권력을 잡은 후 1934년 폴란드와 불가침조약을 체결하면서 동쪽을 안정시켰다. 1935년 1월에는 프랑스와 국경에 있는 자르 지역에서 국민투표를 통해 독일로의 복귀를 국제연맹으로부터 인정받았다. 드디어 1935년 영국과는 해군 조약을 맺으면서 베르사유 조약의 파기와 재군비 선언을 공인받았다. 이어서 1936년 3월 7일 독일 육군 병력을 라인란트로 진주시켰다. 제1차 세계대전 이후 베르사유 및 로카르노 조약에서 독일군의 병력 배치를 금지한 이래 이를 정면으로 위반한 것이다. 국제연맹과 영국·독일 등은 사실상 아무런 조치를 하지 못하고 방관했다.

1936년 스페인 내전을 통해서 독일과 이탈리아는 서유럽 국가의 무능함을 다시 한 번 확인하면서 침략 야욕을 더 키워나갔다. 스페인 내전에서 반란군을 지휘한 프랑코 장군은 독일에 손을 내밀었다.

최초 공화군에 유리했던 전세는 독일의 지원으로 반란군 측으로 기울어졌다. 영국과 프랑스는 유럽이 전쟁에 휘말릴 것을 우려해 불간섭 정책을 표명했다. 독일과 이탈리아가 반란군을 지원한다는 사실이 알려지자 스탈린은 공화군을 원조했다. 공산주의와 나치즘은 서로를 천적으로 여기고 있었다. 미국·영국·프랑스·독일에서 3만 명의 좌익 지원병이 조직한 국제 여단도 큰 힘이 됐다. 공화군은 전쟁 중에 무정부주의자와 공산주의자의 내분에 휩싸였으나, 프랑코군은 독일과 이탈리아 지원군과 협조된 작전으로 1939년 3월 3년간 전쟁을 반란군의 승리로 이끌었다.

스페인 내전으로 히틀러와 무솔리니는 영국과 프랑스 민주주의가 무능력하다고 판단했다.

히틀러는 영토 확장의 야심을 충족시키기 위해 군사력 건설을 진행하고 있었다. 탱크 등을 보유하지 못했었으나 독일은 이미 1923년 비밀 독·소 협정을 통해서 탱크 설계와 실험이 가능했다. 구데리안(Heinz Wilhelm Guderian)과 같은 유능한 장교는 영국의 리델 하트(Sir Basil Henry Liddell Hart)나

풀러(John Frederick Charles Fuller) 같은 군사 전략가의 기계화전 이론을 받아들여, 적국의 종심 지역 내로 빠르고 깊게 침투할 수 있도록 보병과 탱크, 그리고 포병의 제병 협동 전력을 기동력 있게 운용하는 전격전을 구상했다. 히틀러는 이들의 제안을 받아들여 3개 기갑사단을 창설했다.

공군 창설도 금지되었지만 제1차 세계대전에 참전했던 괴링의 지도하에 민간기를 제작하면서 기술력을 발전시켜 글라이더 등을 이용해 조종사 후보를 양성하고 있었다. 1935년 3월에는 공군의 존재를 공개하기에 이르렀다. 동시에 육군을 30만 명으로 늘리고 다시 징집제도를 부활시켰다.

히틀러는 당시까지만 해도 동쪽의 라인 지방과 자를란트만 되찾으려 했으나, 그의 야욕은 점차 커져서 고향인 오스트리아까지 합병하려고 했다. 오스트리아 내에서 나치당이 기승을 부리고 오스트리아의 총리 슈슈니크(Kurt Schuschnigg)가 이를 저지하기 위해 국민투표를 하려고 했다.

이에 히틀러는 투표 전날인 1938년 3월 12일 결과가 잘못될 것을 우려해 기습 공격으로 군대를 투입하고 오스트리아 내 나치스의 열렬한 환영을 받으며 오스트리아와 제3제국의 통합을 선언했다. 역시 독일의 오스트리아 무력 침공에 대해서도 서구 민주국가는 무기력했다. 서구 민주국가의 국민 여론은 여전히 개입을 반대했고, 경제 불황으로 군사력은 약화되어서 적절한 대응을 할 수 없었다. 상대적으로 독일의 힘은 더욱 강해지면서 자신감도 더욱 커졌다.

이어서 1938년 여름 히틀러는 체코슬로바키아를 다음 목표로 정했다. 히틀러는 독일과 북서부 국경의 수데텐란트(Sudetenland)라는 지역은 옛 오스트리아 지역이므로 거기에 사는 독일인의 자치권을 요구하면서 무력 협박을 했다.

9월 영국 총리 체임벌린(Arthur Neville Chamberlain)은 평화를 주선하고자 나섰다. 히틀러는 체임벌린에게 수데텐란트만 필요하다고 했다. 9월 29일 뮌헨에서 무솔리니의 중재로 프랑스와 영국은 수데텐란트를 양도하는 대신에 히틀러에게 더 이상 영토 욕심이 없다는 공식 선언을 받아냈다.

그리고 독일군은 10월 1일 수데텐란트로 진군해 국경의 요새를 점령했다. 체임벌린은 뮌헨 협상을 마치고 영국으로 돌아가면서 헤스턴 공항에서 '우리 시대의 평화'를 보장했다며 히틀러와 쓴 「합의문」을 흔들며 자랑했다. 뮌헨 협상에서 영국이 보인 행동에 대해서 후세에 유화정책(宥和政策, appeasement policy)이라고 말한다. 유화정책이란 국내 혹은 국제정치에서 상대편의 적극적이고 강경한 요구에 양보 및 타협함으로써 직접적인 충돌을 피하고 긴장을 완화해 해결을 도모하는 온건한 정책을 말한다. 유화정책은 이후 '악당에게 속아 넘어간 멍청이'라는 의미로 강경파가 협상파를 매도할 때 널리 쓰이는 사례가 되고 있다. 이런 비판과 달리 당시 상황에서 영국은 뮌헨 협정을 통해 전쟁 준비 시간을 벌어 궁극적으로 승리했다는 평가도 있다. 이와 관련해 히틀러도 패전 이유로 1939년이 아니고 1938년에 더 일찍 전쟁하지 못한 것을 후회했다고 한다.

히틀러는 폴란드를 다음 목표로 정했다. 그리고 독일과 북쪽의 동프러시아(동프로이센)를 연결하는 단치히를 양도하라고 요구했다. 폴란드는 즉각 거부했다. 히틀러는 슬로바키아 문제가 해결되지 않은 상태에서 망설이다가 먼저 슬로바키아 문제를 해결하고자 했다. 그래서 1939년 3월 체코슬로바키아 수상 하하(Emil Hácha)를 베를린으로 불러 협박해 무릎을 꿇게 했다. 이로써 체코슬로바키아 대부분 지역은 제3제국에 병합됐다. 히틀러가 독일어를 사용하지 않는 지역을 처음으로 병합했는데도 영국과 프랑스는 형식적인 항의만 하고 말았다.

이어서 히틀러는 3월 말에 폴란드에 다시 단치히를 양도하라고 요구했다. 이번에는 영국과 프랑스가 단호히 나서며 폴란드를 침공하면 선전포고를 하겠다고 선언했다. 하지만 히틀러는 적들의 대응에 전혀 신경 쓰지 않았다. 민주국가는 나약하고 우유부단하다는 신념을 갖고 있었기 때문이다.

문제는 독일의 동쪽에 있는 철천지원수 국가이면서 위협

이 되는 소련이었다. 동시에 스탈린도 히틀러에 대한 우려로 4월에 영국과 프랑스에 동맹을 제의했으나 지지부진한 상황이었다.

스탈린은 영국과 프랑스와 동맹을 포기하고 새로운 해결책을 모색한다. 1939년 8월 23일 원수지간이었던 독일과 소련은 상호 불가침 조약을 체결한다. 동시에 폴란드는 양국이 나눠 갖기로 비밀리에 합의했고, 에스토니아와 리투아니아·라트비아는 소련이 차지하기로 했다.

히틀러는 소련의 위협을 제거하자 즉각 침공 준비 명령을 내린다. 8월 31일 독일 방위군은 공격 준비를 한다. 히틀러는 전 세계를 전쟁으로 몰아넣는 결정을 내린다.

독일은 계속 침략을 자행했으나, 서구 민주주의 국가는 침묵으로 일관하는 유화정책을 지속했다. 이런 침묵은 히틀러에게 자신감을 주었고, 더 이상 그의 야욕에 제동을 걸지 못했다.

제2장

1939년 인류의
두 번째 비극의 서막

독일과 소련의 폴란드 침공,
그리고 전격전

　독일은 소련과 불가침 조약을 맺음으로써 전쟁의 마지막 걸림돌을 없앴다고 생각했다. 1939년 9월 1일 새벽 독일이 침공을 시작했고, 소련은 9월 17일 폴란드 동부를 침공해 폴란드를 분할 점령했다. 이렇게 해서 제2차 세계대전이 발발한 셈이다. 2년 뒤 독일이 소련을 침공하며 독·소전쟁이 발발하면서 불가침 조약은 파기되었으나 어찌 되었건 제2차 세계대전 발발에서 소련은 공모자였던 셈이다.

　9월 3일 영국과 프랑스는 독일에 선전포고하면서 폴란드에서 철수하라고 요구했다. 이로써 제2차 세계대전이 발발했다. 히틀러는 영국과 프랑스가 군사 개혁을 충분히 달성하지 못했다고 판단하면서 두 나라의 대응 방향을 두 가지로 예상했다. 독일을 경제적으로 봉쇄하거나, 마지노선으로부터 독일을 공격하는 방안 등이었다. 그러나 히틀러는 두 방안 모두 실효성이 없거나 불가능하다고 보았다. 어찌 되었건 서구 역사학자들은 일반적으로 영국과 프랑스가 독·소 불가침 조약을 방치한 것은 외교적 실수로 보고 있다.

폴란드는 150만의 독일군 공격에 한 달 이상을 지탱할 수 없었다. 독일군의 강력한 공격에 서구세계는 주저했다. 9월 14일경 바르샤바는 이미 고립되었고, 9월 18일에는 소련군 마저 폴란드의 동부로 침공했고, 26일에는 독일군이 바르샤바에 입성하면서 소련과 폴란드를 분할 점령했다. 독·소 불가침 조약은 9월 28일 일부 수정되면서 양국의 폴란드 점령 분계선을 확정지었다. 소련은 과거 러시아제국의 영토를 찾았다. 그리고 독일군은 역사상 유례없는 인종 청소를 시작했다. 폴란드 내의 유대인을 사살하거나 수용소에 집어넣었다.

히틀러는 폴란드를 점령한 후 10월 6일 영국과 프랑스에 평화를 제의했지만 거부당했다. 히틀러는 9월 27일 서쪽으로 진격을 명령한 상태였다.

폴란드 침공에서 독일은 신출귀몰한 전략 전술을 활용했고 이에 폴란드는 적수가 될 수 없었다. 월등한 군사력뿐만 아니라 새로운 형태의 전술과 맞닥뜨리게 된 것이다. 이른바 전격전의 전설이 시작됐다. 독일군은 6개 기갑사단이 선두에 서고, 4개의 정찰용 경사단이 후속하면서 2,300여 대의 전차로 편성됐다. 독일군 기계화 부대는 폴란드군의 방어망을 돌파해 후방 깊숙이 침투해 적에게 대혼란을 일으켰다. 그리고 이를 뒤따르는 보병 부대가 뒤에 남은 적들을 각개 격파했다. 급강하 폭격기(융커스 Ju-87, 슈투카)를 포함해 2,500여 대의 항공기는 지상군의 공격을 정밀 공격으로 지원했다. 독일군은 기계화 부대를 독립적으로 운영했다. 폴란드군은 50만의 지상군, 880대의 전차, 그리고 600대의 항공기를 보유했으나 열세였다. 더욱이 수도 바르샤바를 지키는 폴란드 육군은 기마 부대였다.

독일군이 수치상 전력에서도 우위였으나, 전격전의 전설은 부대 운영에서도 그 가치를 보여주었다. 독일군은 기계화 부대를 철저하게 독립적으로 운영했지만 폴란드군은 보병의 지원부대 역할을 하면서 분산 운용했다. 독일군은 초기에 적진을 돌파했고 급강하 폭격기는 전방에서 독일군의 진출을 지원했다. 불과 이틀 만에 폴란드 공군은 궤멸했다. 9월 27일 폴란드는 항복했다.

가짜전쟁과 겨울전쟁

　독일과 소련의 폴란드 침공이 곧바로 세계대전으로 확대
되지는 않았다. 영국과 프랑스가 선전포고했으나 수개월 동
안 교전 상태가 없는 가짜전쟁이 지속됐다. 가짜전쟁(Phony
War)은 영국과 프랑스가 선전포고한 9월부터 독일군이 룩셈
부르크·벨기에·네덜란드를 침공해 프랑스 공방전이 시작된
1940년 5월 10일까지였다.

　히틀러는 영국과 프랑스가 갈팡질팡할 것으로 예측했다.
영국과 프랑스는 폴란드와 군사동맹을 통해 자동 참전 조항
을 맺었으나 독일과 벌이는 전면전을 우려해 독일에 대한
공세와 폴란드 지원에서 흉내만 내고 있었다. 이 배경에는

제1차 세계대전에서 참호전의 악몽을 모든 나라가 기억하고 있었기 때문이다. 독일군도 대부분 전력을 폴란드에, 그리고 프랑스는 마지노선에 배치하고 있었다. 그러나 이 기간에도 대서양에서 해전과 공군 항공 정찰이나 전략적 폭격 등은 시행되고 있었다.

영국과 프랑스군은 대규모 반격을 준비하고 있었다. 수십만 명의 영국 원정군이 프랑스 북부로 배치되기 시작했다. 그리고 프랑스군은 라인강 둔치 점령전을 전개해 약 7.8제곱 킬로미터를 무혈점령할 뿐이었다.

9월 12일 영·불 최고 전쟁 위원회가 열렸고, 논의 결과 프랑스는 방어 태세로 전환하고 마지노선에서 독일군에게 참호전을 강요하자고 결정했다. 물론 당시 분위기에서 폴란드 측에 그런 결과를 통보하지는 않았다.

프랑스는 독일과 자국의 국경선에 100개 사단과 상당한 예비대를 투입했다. 프랑스는 독일과의 경계선에서부터 스위스·벨기에까지 이어진 방어 요새에 대한 믿음을 갖고 있었다. 봉쇄에 대한 믿음은 참호전의 악몽만 떠올릴 뿐 전격전이라는 뜻하지 않은 상황은 예측하지 못했다.

한편 폴란드에서 대성공을 거둔 데 만족한 히틀러는 11월 안에 영국과 프랑스를 공격할 계획을 세우라고 지시했다. 그러나 동부전선의 병력을 서부로 이동시켜야 하기에 군부는 반대했다. 그리고 폴란드전쟁에서 입은 피해를 복구해야만 했다. 히틀러는 논쟁 끝에 이듬해 봄으로 연기했다.

가짜전쟁 기간에 주목할 만한 전쟁은 11월 30일 소련의 핀란드 침략으로 빚어진 겨울전쟁으로서 제1차 소련-핀란드전쟁이라고 부른다. 프랑스와 영국은 핀란드에 우호적이었으나 겨울전쟁 동안 스칸디나비아반도로 전선이 확장되는 것을 우려해 영국군 파병은 이뤄지지 못하고, 이후 중간에 있는 노르웨이로 보내졌을 뿐이었다. 핀란드군은 스키를 타고 깊은 눈 속에서 치고 빠지는 게릴라전법으로 용맹하게 싸우며 소련군을 괴롭혔으나, 영·불 연합군의 지원을 받지 못하면서 1940년 3월 모스크바 평화조약을 맺는다. 프랑스 총리 달라디에(Édouard Daladier)는 핀란드 방어 실패에 대해 책임을 지고 사임했다.

독일은 영국이나 프랑스의 독일 봉쇄령을 타파하기 위해서 노르웨이를 점령해야 했다. 그래서 4월 9일 유틀란드반도와 노르웨이 침공이 시작됐다. 뒤이어 4월 14일 영·불 연합군이 뒤따라 노르웨이에 상륙했다. 연합군의 지원으로 노르웨이 북부 방어에서 일부 성공했다. 그러나 독일군이 4월 15일 남부 노르웨이를 점령하고, 4월 말에는 서부와 중앙 노르웨이도 점령된다. 5월 10일 독일군이 프랑스를 침공했다. 이어서 독일군 주력이 유럽의 서부전선으로 이동하자 연합군도 5월 말 노르웨이에서 철수를 결정한다.

　노르웨이 정부는 6월 7일 해외에서 전쟁을 지속할 것을 결의하고 호콘 7세 국왕은 내각과 함께 영국으로 망명했다. 6월 10일 트론헤임에서 노르웨이의 항복식이 이루어졌다. 이후 노르웨이 저항 운동은 국내와 해외 망명정부를 통해 부단히 이어졌다.

제3장

1940년 전격전 전설과
프랑스 점령

프랑스의 오판과 참패,
그리고 됭케르크 철수 작전

전격전의 전설은 1940년 5월 10일 독일군이 프랑스·영국·네덜란드·벨기에를 침공해 연합군을 파죽지세로 무찌르면서 진가를 드러내었다. 프랑스 수뇌부는 독일의 공격 기도를 오판하고 있었다. 프랑스는 남부의 마지노선과 북부 벨기에 지역을 집중적으로 대비하면서, 가운데의 아르덴 삼림 지역은 결코 독일군이 진출하지 못할 것으로 생각했다. 그러나 독일군은 아르덴 삼림 지역을 뚫고 들어왔다. 프랑스군은 추풍낙엽으로 쓰러졌고, 독일군에게 적은 오직 교통 체증뿐이었다.

독일군의 전격전은 연합군이 대비하지 않은 아르덴 삼림

지역을 뚫고 들어오면서 그 신화를 완성한다.

독일군은 공격을 시작한 후 13일 만에 프랑스의 아르덴 쪽 관문인 세당을 점령하고 뫼즈강 도하를 시도한다. 중부 지역이 돌파되면서 벨기에 방면에 배치된 연합군은 후방이 노출되자 대서양 방면으로 철수한다. 독일군은 2개 축으로 서진했다. 벨기에 방면과 아르덴을 통과한 독일군은 프랑스 벨기에 국경 남쪽 축선이었다.

프랑스에서는 드골 대령이 지휘하는 우수한 성능을 보유한 기갑여단을 북진시켜 독일군을 막으려 했다. 그러나 독일 군의 급강하 폭격기에 맥을 못 추고 제압당했고, 연합군의 패잔병은 프랑스 북부 됭케르크로 집결했다.

네덜란드는 5일, 그리고 벨기에는 2주도 안 돼 독일군에 점 령됐다. 연합국은 됭케르크에 집결한 연합군 패잔병을 철수 시키기 위해 5월 26일부터 6월 4일에 걸쳐 일명 다이나모 철 수 작전(Operation Dynamo)을 감행했다. 기갑사단의 피해를 우 려한 히틀러는 공군 사령관 괴링의 건의를 받아들여 공군력 으로 연합군을 격파하고자 했다. 5월 23일 기갑사단의 진군 정지 명령이 내려졌다. 됭케르크를 요새화하고 방어하던 연 합군이 잠시 버틸 수 있게 되면서 철수 작전이 가능해졌다.

연합군은 필사적으로 가용한 군과 민간 선박을 동원해 9일간 33만 명을 탈출시켰다. 영국군 19만 명과 프랑스군

14만 명이었다. 독일군의 맹렬한 공격 속에서 이뤄진 기적의 작전이었다. 이 작전을 통해 영국인은 전쟁의 참혹함과 독일군의 막강한 전투력을 인식하고 영국인의 단합과 전의를 다지는 계기가 됐다.

독일군은 6월 4일에 됭케르크로 진군했다. 독일군은 됭케르크에서 큰 성공을 거뒀다. 영국과 프랑스 공군 및 해군에 막대한 피해를 주면서 지상군의 화포, 중화기와 차량을 노획했다. 그리고 프랑스는 국토의 절반을 독일 점령지로 내주고 비시를 비롯한 남부에 독립 협력 정부의 설립을 허가받는 조건으로 휴전협정을 맺었다.

그러나 히틀러가 연합군이 철수할 수 있도록 베푼 관용은 이후 독일군의 전략적 실수로 작용했다는 주장이 보편적이다. 당시 되니츠(Karl Dönitz), 만슈타인(Erich von Manstein), 구데리안 등 독일군의 주요 장군들도 영국군을 전멸시키지 못했음을 한탄했다. 그리고 철수 병력은 이후 1944년 상륙작전에서 연합군의 핵심 전력으로 독일군에게 큰 걸림돌이 됐다.

연합군은 됭케르크 철수 작전에서 막대한 피해를 보았고, 이로 인해 미국은 나중에 연합국을 지원하게 됐다. 개전 초기 미국은 유럽 전선에 대해 중립을 지키며 무기 수출을 금지했다.

영국 정부는 막대한 재정적 부담을 이유로 미국에 호소해, 이후 1941년부터 전쟁 물자 수출을 인정하는 무기 대여 법안((Lend-Lease, 1940~1945)의 일등 수혜국이 됐다.

추축국 이탈리아와
일본의 참전 과정

1940년 9월에 독일·이탈리아·일본은 삼국동맹을 체결했다. 삼국동맹은 소련을 제외한 모든 추축국을 공격하지 않는다는 협정이었다. 이후 이 조약에 헝가리·루마니아·슬로바키아·불가리아·유고슬라비아 왕국·크로아티아 독립국 등이 서명했지만 강제로 가입된 경우가 대부분이었다.

이탈리아의 무솔리니는 히틀러와 초기에는 경쟁 관계에 있었다. 무솔리니는 1936년부터 1939년까지 스페인 내전에서 프랑크를 지원하면서 프랑스·영국과 관계가 악화되었고, 사실상 뮌헨 협정이나 독일이 주변국을 침공할 때 독일을 지지했다. 이탈리아는 1936년 히틀러와 로마-베를린 축을 결성하는 것을 비밀리에 합의했고, 1939년 독일과 신뢰·협력과 군사·경제정책의 통합을 권유하는 강철 조약을 맺었다. 1939년 독일이 체코슬로바키아를 침공할 때 이탈리아는 알바니아를 침공해 점령했다.

이탈리아는 히틀러가 폴란드를 침공할 때 확전을 경고하며 주저하면서 전쟁 준비가 부족하다는 생각을 했다. 그러나 세계대전이 불가피하다는 생각과 함께 중립적인 입장에서 머뭇거렸다.

1940년에 접어들면서 독일에 전황이 유리하게 돌아가자 6월에 영국과 프랑스에 선전포고하면서 추축국의 일원으로 가입했다. 됭케르크 철수 작전 이후 곧바로 프랑스를 침공하면서 프랑스 지역을 독일군과 이탈리아군 점령 지역과 비시 정부 프랑스 지역으로 나눠 먹는 데 끼어들었다.

이후 이탈리아군은 수단·케냐·소말릴란드 같은 영국의 동아프리카 식민지를 공격하며 동아프리카 전역을 이끌었다. 그리스를 침공한 후 리비아에서 이집트에 걸친 서부 사막 작전을 전개했다. 그러나 이탈리아군은 동아프리카나 그리스 등에서 연합군의 반격에 큰 피해를 보았다.

무솔리니는 큰소리쳤지만 결국 독일군이 아프리카 전역으로 파병할 수밖에 없게 만들었다. 이탈리아는 1941년 6월 독일이 소련에 대한 침공을 개시하자 소련에 전쟁을 선포하고 파병했고, 일본이 진주만 사건을 일으키자 미국에도 선전 포고했다.

일본은 제1차 세계대전 동안에 영일동맹을 이유로 영국과 미국 편에 서면서 손쉽게 승전국이 되어 각종 이권을 챙기면서 강대국으로 등장했다. 제1차 세계대전으로 독일 점령지인 산둥반도의 칭다오와 남양군도인 미크로네시아와 비스마르크섬을 점령할 수 있었다.

1915년 산둥반도를 점령하면서 중국의 위안스카이 정부를 협박해 남만주와 내몽골 일부를 조차 받는 21개의 특혜 조건을 요구했고 위안스카이 정부가 수용하는 쾌거를 달성하면서 강대국으로 급부상하고 1920년대 대공황이 있기 전까지 경제적 호황을 누렸다. 그러나 일본은 1920년대 말 경제 대공황으로 인해 국내적으로 혼란을 겪었다. 일본 내에서 군부 쿠데타가 일어나 민간 의회 정부가 전복되면서 대공황을 극복하기 위해 식민지를 더욱 확보하고자 침략전쟁을 선택했다.

일본은 자원이 풍부한 만주 지역을 얻고자 선전포고 없이 1931년 만주사변을 일으키고 만주국이라는 괴뢰정부를 세웠다. 국제연맹에서 이를 규탄하자 일본은 1933년 국제연맹을 탈퇴했다. 난징정부는 국제연맹에서 일본을 제재해주기를 바라며 제소했으나 아무런 효과가 없었다.

일본은 1937년 중·일전쟁으로 아시아에서 최대 규모의 전쟁을 일으켰고, 1941년 진주만 공격까지 일으키면서 제2차 세계대전 추축국의 대열에 가담했다.

당시 중국의 상황은 혼란 그 자체였다. 제1차 세계대전 이후 산둥 지역의 이권을 일본에 이양한다는 파리 강화회의 결과가 알려지자 1919년 5월 베이징 지역 학생을 중심으로 대규모 반군벌·반제국주의 운동이 일어나면서 5·4 운동 이후 중국 내 민족운동이 활발히 전개됐다. 이후 1919년과 1920년에 광둥 지방에서 국민당과 공산당이 각각 창당되었다.

중국 내 군벌을 타도하기 위한 제1차 국공합작이 1924년부터 1927년까지 전개됐다. 제1차 국공합작은 당시 레닌의 지도로 국제 공산주의를 지도하던 코민테른(공산주의 인터내셔널의 약칭)의 지시로 공산 당원이 공산당으로 들어가 조직 기반을 확대하라는 지시에 따라 이뤄졌다.

이후 국민당이 사실상 중국을 장악했고, 1927년 이후 국민당군이 공산당 토벌에 나서면서 1936년까지 제1차 국공내전이 전개됐다.

1931년 일본이 만주사변을 일으키자 공산당 토벌 작전에 병력을 투입한 상태였던 난징 국민정부는 1933년 일본에 정전을 요청했다. 정전협정은 일본이 만주국 안으로 철수하고 만리장성 이남에 양국 간의 비무장지대를 둔다는 것이다.

사실상 중국 정부가 만주국을 중국에서 분리하는 데 동의한 셈이 됐다.

이로써 만주에서는 항일 연군을 비롯해 다양한 항일 무장 활동만이 있을 뿐이었다. 1931년 중국 공산당 임시정부가 수립된 직후 국민당은 여러 차례 토벌 작전을 전개했다. 중국 공산당은 회복 불능 상태에 빠지며 국민당 군대의 공격을 피해 무려 9,600킬로미터라는 대장정 끝에 1935년 10월 섬서성에 도착했을 때 살아남은 공산군은 10만 명 중 오직 2만 명뿐이었다.

이런 와중에 일본의 침공으로 만주를 잃은 군벌 장쉐량은 1936년 1월 장제스를 가두는 시안사건(西安事件)을 일으킨다. 시안사건의 배경은 중국 내에서 모든 내전을 중지하고 항일전쟁에 힘을 모아야 한다는 여론이 반영된 것이었다. 당시 중국의 최고 지도자인 장제스를 감금하면서 큰 충격을 주었다. 장제스가 12월 25일 석방되면서 항일 전선을 위한 제2차 국공합작이 이뤄지게 됐다.

1937년 7월 중·일전쟁은 일본군이 루거우 다리(盧溝橋) 사건을 조작하면서 이를 빌미로 일본의 선전포고로 발발됐다. 근대화된 일본군 앞에 중국군은 상대가 되지 못했다. 일본군은 7월 30일에는 베이징을 거쳐 톈진까지 점령했다.

당시 대륙을 호령하던 장제스의 중화민국 정부군은 전략

상 화베이(華北) 지역을 포기하고 양쯔강 유역에 병력을 집중했고, 이어서 일본군이 상하이에 상륙해 공격하면서 전선은 화난(華南) 지역으로 확대됐다. 이후 9월 화베이 지역에서 중국 공산당군이 일본군 1개 여단을 매복 공격해 섬멸하며 팔로군(八路軍)으로서는 첫 번째 전과를 올렸다.

시안사건으로 1937년부터 제2차 국공합작이 완성되면서 중국 민중의 저항이 거세졌다. 중국 공산군은 국민혁명군 제 팔로군으로 개칭, 국민당 휘하 군대로 합류했다. 그러나 국 공합작 기간에도 양측은 여전히 갈등상태로서 사실상 개별 적으로 항일전쟁을 지속했다. 장제스의 정부군은 정면 전쟁 에서 지구전 형태로, 공산군은 후방에서 유격전 형태로 일본 군과 전투를 진행했다.

일본군은 무자비한 공격을 감행했으나 중국의 지구전 전 략에 효과적으로 대응하지 못하고 장기전의 수렁에 빠지면 서 공격 기세가 한풀 꺾였다. 일본군은 8월 상하이 공격을 시작한 이후 11월 5일에야 겨우 점령했다. 일본군은 상하이 점령 과정에서 중국의 저항으로 큰 피해를 보았다. 그로 인 해 중·일전쟁을 조기에 끝내야 한다는 강박관념에서 '삼광 작전(三光作戰)'을 개시하며 태우고, 빼앗고, 죽이는 잔혹한 살육전을 벌였다.

일본은 1937년 12월에야 상하이 교두보 선을 벗어나면서 당시 중화민국 수도였던 난징으로 향했다. 12월 13일 난징을 점령한 일본군은 이후 6주 동안 중국 민간인과 군인을 상대로 무차별적인 살인, 방화 및 강간 등을 벌이며 난징 대학살을 했다.

이후 일본군은 중국의 여러 도시로 점령 지역을 확대해나갔으나 중국인의 저항으로 어려움을 겪었다. 일본군은 중국의 해안 지대를 대부분 점령하면서 중국의 보급로를 차단하면서 경제적으로 압박 전술을 취했다. 중·일 전선은 중국인의 끈질긴 저항으로 장기전이 되면서 고착됐다. 중·일전쟁이 발발한 이후 1941년까지는 일본의 침략에 대해서 오직 중국만이 대응하는 양상이 전개됐다.

1940년 이후 중국은 세 개 지역으로 나뉘었다. 일본이 점령한 지역, 쓰촨성 지역의 충칭(重慶)을 중심으로 중화민국 정부의 직할 지역, 그리고 산시성 옌안을 근거지로 공산당이 영향력을 행사하는 지역이었다. 이런 상황에서 중국 공산당의 영향력이 점점 확대되고 있었다. 이 와중에 1941년 10월 중화민국군과 공산당 계열의 신사군 사이에 환남 전투가 벌어졌다. 이 전투에서 공산군이 큰 피해를 보면서 충격에 빠진다.

장제스군은 일본군의 현대화된 기계화군에 계속 밀리는 국면이었으나, 팔로군이나 신사군은 유격 전술로 일본군 후

방을 교란하면서 세력을 넓혀나가자, 장제스는 공산군을 탄압했다. 이런 갈등으로 양측은 국공 합작 기간에도 서로를 믿지 않는 불편한 동거가 지속됐다. 중화민국 국민당 군대의 전투력은 형편없었다. 또한 국민을 약탈하는 일이 잦아지고 1942년 간쑤성에서 민란까지 발생하면서 민심은 공산당을 추종하기에 이르렀다. 중국 내에서조차 탄탄한 기반을 확보하지 못한 중화민국의 장제스는 지역 내에서 영향력을 발휘하던 군벌과도 알력을 벌이는 등 불안정한 상황이었다.

일본은 중국과 전쟁이 장기전으로 이어지자 전쟁 자원 부족으로 심각한 어려움에 빠졌다. 더구나 미국은 일본에 중국 등 해외에 주둔하고 있는 일본군의 완전한 철수를 요구했다. 결국 1939년 미·일 통상조약은 파기되면서 두 나라의 관계는 회복될 수 없었다.

일본은 자원 확보를 위해 독일의 전격전으로 패망한 프랑스의 식민지인 인도차이나를 차지하고자 했다. 독일에 점령당한 프랑스로서는 인도차이나에서의 일본 침략을 당해낼 수 없었다. 이후 일본은 동남아시아 일대를 점령했다.

1941년 일본은 군인 출신인 도조 히데키를 수상으로 하는 내각이 정권을 잡았다. 이들은 미국과 전쟁도 불사하겠다는 강경파들이었다.

결국 1941년 말 일본은 미국 하와이의 진주만을 기습 공격하면서 태평양전쟁을 일으켰고 제2차 세계대전은 사실상 아시아 전역으로 확대됐다. 중화민국은 일본·독일·이탈리아에 선전포고를 선언했고, 연합국 일원이 됐다.

제4장

1941년 전쟁의
세계화

소련 침공 작전

1941년 6월 독일은 소련을 기습적으로 침공하는 바르바로사(Barbarossa) 작전을 개시한다. 독일은 1941년 안에 발트 지방·모스크바·우크라이나 등을 점령해 우랄산맥 서쪽을 북으로부터 남으로 잇는 아르한겔스크(백해)로부터 아스트라한(카스피해)에 이르는 선을 확보하려고 했다. 히틀러는 궁극적으로 게르만 민족의 생존권을 확보하기 위해 소련과 공산주의를 제거해 동방의 '레벤스라움(Lebensraum: 생활권)'을 달성함으로써 전략적 자원을 획득하고자 했다. 히틀러가 탐낸 전략적 자원이란 우크라이나 곡창과 공업지대, 코카서스 유전, 우랄산맥 광물, 시베리아 목재 등이었다.

독일과 소련은 언젠가는 진검 승부를 가릴 대상이었다. 절대로 손잡지 않을 것 같았던 두 나라는 독·소 불가침 조약으로 전 세계를 놀라게 했고, 그 후 폴란드를 침공해 나눠 먹었다. 그러나 히틀러는 소련이 살아 있으면 독일제국은 무너질 것으로 여겼다. 히틀러는 참모들의 반대를 무릅쓰고 소련 공격을 감행했다. 참모들은 영국이 항복하지 않은 상태에서 소련을 공격하면 양면 전선을 만드는 미친 짓이라고 반대했다. 그러나 나치즘과 공산주의는 운명적으로 공존할 수 없다는 히틀러의 신념이 더 강했다. 따라서 히틀러는 미래의 소련과 전쟁을 예상하고 소련이 국력을 회복하기 전에 위협을 제거해야 한다고 생각했다.

히틀러는 프랑스 전역에서 혁혁한 전과를 달성한 전격전의 성공 경험으로 소련과 전쟁에서도 승리를 확신했다. 더구나 소련군을 신속하게 무찌르면 영국과의 화평도 촉진할 수 있을 것으로 기대했다.

독일군은 3개의 집단군으로 소련을 공격했다. 북부 집단군은 레닌그라드(상트페테르부르크)를, 중부 집단군은 모스크바를, 그리고 남부 집단군은 우크라이나를 거쳐 키예프, 그리고 동쪽 볼가강까지 진군하는 계획을 세웠다. 최종적으로는 북쪽 아르한겔스크(백해)에서 남쪽 아스트라한(카스피해) 선까지 진출하는 것으로 고려하면서 동계 전투까지도 준비

했다.

그러나 소련도 독일의 공격을 전혀 모르고 당한 것은 아니었다. 소련의 정보망에서도 독일이 공격할 것이라는 정보를 계속 입수했었고, 심지어는 6월 22일이 개전일이라는 정보도 들어왔다고 한다. 스탈린은 이런 보고를 받고도 귀담아듣지 않았는데 그 이유는 이에 대한 경계령을 내리는 조치가 전쟁의 빌미가 될 수 있을 것으로 생각했기 때문이다.

당시 자본주의 국가는 경제 대공황으로 시달렸지만, 소련은 1930년대 경제 호황을 누리며 미국 다음의 경제 대국 수준이었다. 1920년대부터 강력한 국방 정책을 밀어붙여 1940년 당시 전투기·잠수함·전차의 숫자는 당시 세계 1위였다.

그러나 1930년대 후반부터 스탈린이 권력 기반을 강화하기 위해 대숙청을 벌이는 바람에 내전 등을 거치며 경험이 풍부하고 유능한 지휘관들이 사라졌다. 기동전 이론을 발전시킨 투하쳅스키(Michał Tuchaczewski) 장군 같은 뛰어난 군인도 이때 숙청됐다. 따라서 그가 발전시킨 종심 작전 이론과 같은 기동전을 이해하거나 수행할 수 있는 장교들이 없었다. 그러다보니 소련군은 개전 초기 독일군이 경이로운 속도로 진출하는 전격전에 대해서도 크게 주목하지 못했다. 따라서 소련은 독일의 공격에 대한 대비를 제대로 할 수 없었다.

독일군은 신속하게 동진했다. 겨울이 오기 전까지 소련군은 계속해서 대패했다. 독일 북부 집단군은 시가전을 피해 레닌그라드를 포위했고, 중부 집단군은 민스크·스몰렌스크 등에서 소련군을 포위 격파하면서 모스크바로 진격했다. 남부 집단군은 우크라이나로 진군하는 도중 소련군의 반격이 거세지자 중부 집단군의 지원을 받았다. 이 때문에 중부군과 남부군의 진격이 늦어진데다 비까지 내리자, 러시아 전역은 진흙탕으로 변했다. 독일은 더구나 보급 능력에서 어려움을 겪었지만 소련군은 본격적으로 징집 체제를 가동하면서 반격의 강도를 높였다. 독일군 진격이 더뎌지면서 장기전으로 치달았다.

소련은 독일군에 밀리면서도 서쪽 공업 시설을 동쪽으로 이동시켰다. 전쟁을 지속하는 데 생산 설비를 갖추는 것은 필수였기 때문이다. 노동자를 동원해 공장 설비를 동부로 이동하는 데 성공했다. 1941년 후반기까지 대부분의 공장과 2,500만 명 노동자와 그들 가족도 같이 이동시켰다. 독일군의 빠른 진격에도 불구하고 달성한 기적 같은 성공이었고, 소련군은 전쟁 수행 능력을 지속할 수 있었다.

독일은 일본이 추축국으로서 소련의 동쪽을 동시에 공격해주기를 바랐다. 그러나 일본은 러·일전쟁에서 이긴 후 소련을 얕보다가 1939년 5월부터 8월까지 몽골 국경 근처인

할힌골 전투에서 소련군 기갑부대에 철저하게 패배한 바 있었다. 그 뒤 상호 불가침조약을 맺고는 소련을 자극하지 않으려고 했다.

스탈린은 모스크바 공방전 상황에서 만주국의 공격을 우려했으나 일본이 공격하지 못할 것이라는 정보를 보고받고, 극동의 소련군 부대를 이동시켜 모스크바 공방전에서 승리했다.

독일군은 바르바로사 작전에서 개전 초기에 승리를 거두면서도 단기 결전이라는 목표를 달성하지는 못했다. 모스크바 방면의 소련군 방어가 거세지고 계절이 동계로 접어들면서 반대로 독일군이 와해되는 조짐을 보였다.

독일군이 실패하게 된 이유는 최초부터 목표를 세 방면으로 병력을 분산시켰고, 광활한 소련의 영토로 진격하며 전선이 길게 신장되면서 이에 따른 보급이 원활하지 못했기 때문이다. 또한 소련군은 초기 전투에서 대패를 당했는데도 이후의 대응력이 예상보다 뛰어났다. 소련군의 저항은 갈수록 격렬했고 자연환경은 독일군에게 너무나 혹독했다. 독·소전역은 장기화되었고 독일군에게는 파멸을 초래하는 조짐이 됐다.

일본의 진주만 기습과 태평양전쟁

유럽에서 제2차 세계대전이 발발하자 일본은 당시 아시아 지역의 식민지를 보유하고 있는 미국·영국·프랑스·네덜란드와 대결을 벌일 것을 선택하고 과감히 침략전쟁에 박차를 가했다. 국제사회에서는 일본의 침략에 대해 제동을 걸어야 한다는 여론이 형성됐다. 특히 아시아에 식민지를 보유하던 서구 국가는 일본에 대한 물자 공급을 모두 끊어버렸다. 이른바 ABCD(America, Britain, China, Dutch) 포위 작전이 전개됐다. 일본은 이에 더욱 동남아시아 침략에 매진했다.

미국은 1939년 미·일 통상조약을 파기했고, 1941년 일본에 대한 경제 제재와 석유·철광석 등의 수출을 중단했다. 그리고 미국은 중국 등 해외에 주둔하고 있는 일본군의 완전한 철수를 일본에 요구했다.

일본은 대처 방안에 대해 고민했다. 세계열강의 요구에 따라 중국에서 일본군을 철수시킬 것인가, 아니면 오히려 적극적으로 자원 확보를 위해 침략전쟁을 계속할 것인가에 대해서 선택해야 했다. 일본은 열강의 요구에 반발하며 오히려 태평양전쟁을 일으키는 과감한 행동을 벌였다.

일본은 아시아 지역을 점령하기 위해서는 태평양을 장악하고 있는 미국과 언젠가는 승부를 겨뤄야 한다고 생각했다. 일본은 진주만 공격으로 미 해군의 태평양 전력을 무력화해 미국의 전쟁 수행 능력을 저지하거나 지연시키고자 했다.

일본의 야마모토 이소로쿠 제독을 비롯한 군 수뇌부는 미국과 전쟁이 장기전으로 가면 패전할 것으로 염려했다. 그러나 강경파들은 미국이 유럽 우선 정책을 추진하기 때문에 서태평양에서 기습 공격으로 태평양 지역을 점령하고 미국과 휴전 협상을 한다면 일본이 태평양 지역에서 지배권을 인정받을 수 있을 것으로 생각했다.

일본의 진주만 공격으로 제2차 세계대전은 중·일전쟁 이후 아시아 지역으로 확대되면서 진정한 세계대전으로 발전했다. 그러나 일본이 미국까지 적국으로 돌려세우며 태평양

전쟁을 일으킨 것은 궁극적으로 일본의 국가 전력 한계를 재촉하는 것이었다.

1941년 12월 7일 일본은 하와이에 있는 진주만을 전격 기습 공격하면서 이후 4년간 태평양전쟁이 전개됐다. 일본의 연합함대는 11월 26일 진주만 기습을 위해 출정했다. 주일 미국 대사 그루(Joseph Grew)가 일본이 전쟁할 것이라는 전문을 미국에 보냈으나 유럽 상황에 골몰한 나머지 이를 무시했다. 당시 미국은 막연하게나마 일본이 공격할 만한 지역으로 필리핀을 생각하는 정도였다.

하와이주 오아후섬에 있는 태평양 함대와 공군, 해병대가 일본군의 기습 공격을 받았다. 12척의 함선과 188대의 비행기가 파괴되거나 피해를 보았고 2,400여 명의 군인 사상자와 수십 명의 민간인이 사망했다. 공격한 일본군은 64명의 희생자를 내었을 뿐이다. 다행히 항구에 있지 않았던 태평양 함대의 항공모함 세 척과 떨어져 있었던 유류 보관소와 병기창 등이 피해를 보지 않았던 것은 이후 미 태평양 함대가 기사회생하는 데 중요한 역할을 했다.

이때 파손된 함선은 복구되어 1942년 초에 전선으로 복귀할 수 있었고, 침몰당한 함선 중 세 대는 인양되지 못했거나 전시용으로 개조되었다. 나머지 네 대는 1942년 이후에야 인양되어 수리한 후 전선으로 복귀할 수 있었다.

루스벨트 대통령은 진주만 기습 공격을 받은 12월 7일을 치욕의 날로 선포했다. 미국의 국내 여론은 급격히 참전으로 기울었다. 루스벨트는 제2차 세계대전의 참전을 결정했고 일본·독일·이탈리아에도 선전포고했다. 기습 공격을 받은 미국은 개전 초기 고전할 수밖에 없었다.

일본군은 진주만 기습과 함께 필리핀·말레이반도·네덜란드 동인도 등을 공격하고 타이를 침략해 동맹국으로 만들었다.

먼저 필리핀은 1898년 미국과 스페인전쟁으로 미국의 식민지가 된 후, 미국 극동 아시아의 근거지가 되었다.

당시 맥아더(Douglas MacArthur) 장군이 1935년부터 필리핀에서 군사고문으로 있다가 퇴역했다. 이후 태평양 지역의 정세가 악화되자 재소집되어서 1941년 6월 26일에는 미국 극동 육군 사령부가 창설되면서 사령관으로 임명됐다.

맥아더 장군은 일본군이 침공하자 무지개 계획이라는 방어 계획을 수립했다. 이 계획은 미국으로부터 증원군이 도착할 때까지 루손·바탄 등 주요 지역을 요새화하고 지연전을 펼치다가 증원군이 도착하면 반격하는 것이었다. 그러나 일본군의 조직적인 공격으로 바탄에 집중했던 미군과 필리핀군의 방어선이 뚫리면서 1942년 4월 9일 일본에 투항했다. 그리고 맥아더 사령관은 투항 한 달 전에 후일을 도모하며 호주로 탈출할 수밖에 없었다. 바탄 방어선에 포로가 된 미군과 필리핀군 7만 명은 이후 남쪽으로 88킬로미터 거리를 강제적으로 행군하면서 일본군의 구타나 학대로 1만 명의 포로가 사망하는 죽음의 행진으로 이어졌다.

이어서 일본군은 1941년 말까지 말레이반도 전체·싱가포르·프랑스령 인도차이나·홍콩 등을 완전히 복속시켜 식민지로 삼았다. 이듬해 1942년 초에는 보르네오섬·미얀마·네덜란드령 동인도, 그리고 인도령이었던 안다만 니코바르제도 등을 점령했다. 이어서 일본은 1942년 말까지 동남아시아 대부분을 석권하면서 서태평양 주요 지역을 장악했다.

유럽에서 일어난 전쟁에 관여하지 않으려던 미국은 긴 잠에서 깨어나자마자 곧바로 전시체제로 돌입했다. 미국은 엄청난 군수물자를 생산할 수 있는 산업 능력을 과시했다. 더구나 통신·레이더 기술 등에서 일본보다 훨씬 우수한 수준이었다.

일본의 진주만 기습 공격으로 중·일전쟁과 함께 아시아도 국제전의 대열에 포함됐다. 중화민국은 일본·독일·이탈리아에 선전포고했다. 그리고 중화민국은 연합군의 일원으로 미얀마 전선에 참전하면서 영국군과 연합작전을 전개했다. 이에 미국에서는 중화민국에 스틸웰(Joseph Warren Stilwell)을 군사 고문관으로 파견해 미얀마-인도 전선을 지휘하도록 했고, 중국에 미 공군을 지원하면서 제공권을 확보하고자 했다. 이런 상황에서 1942년부터는 대한민국 임시정부 광복군도 대일 전선에 참전했다. 이후 광복군은 충칭·상하이·미얀마 전선에도 참전하면서 연합군으로 활약했다.

제5장

1942년 연합국으로
전세 전환

미드웨이 해전, 과달카날 전역과
태평양 전세의 역전

　미국은 태평양전쟁 초반에 매우 어려운 상황에 부닥쳤었다. 제1차 세계대전 후 전 세계적으로 군축이 진행되었으나 독일과 일본은 비밀리에 군비를 키웠지만 미국에서는 군사력 부문의 보강이 이뤄지지 않았다. 뒤늦게 전시 산업체제로 돌입했는데도 미국의 산업 능력은 서서히 발현되었다. 당시 미국은 통신과 레이더 기술 등 전자전 분야에서 일본보다 우월했고 이는 이후 전장에서 일본군의 열세를 심화시켰다.

　일본군은 진주만 기습과 이어진 남방 작전 성공 이후 추후 작전 방향에 대해 내부적으로 논란을 벌였다. 최초 일본은 미국을 압박하면 협상으로 나올 것으로 기대했다. 그러나 어떻게 미국을 협상으로 끌어오느냐에 대해서 이견이 있었다. 육군은 중국 전선을 최우선으로 하고 현재 전황을 유지하자고 했고, 해군에서는 호주 침공까지 주장했다. 당시 연합함대 사령관 야마모토 이소로쿠 제독은 미 태평양 함대 전력이 골칫거리가 될 것이라고 주장하며 이를 격멸해야 한다는 생각이었다. 이는 다시 하와이를 공격해야 하기에 지지받지 못하고 격론만 일으켰다.

이런 상황에서 일본은 미국에 대한 공격을 벌였고, 이소로쿠 제독은 미드웨이 공격으로 태평양전쟁의 방향을 잡았다. 1942년 2월 24일 일본 잠수함이 캘리포니아를 포격한 사건에 미국은 충격을 받았다. 루스벨트 대통령은 진주만 기습과 본토 공격을 받은 미국민의 사기를 살리려고 도쿄 폭격을 구상했다. 일본은 역사상 최초로 본토가 폭격당하자 확전으로 방향을 잡았다.

루스벨트 대통령은 일본 본토 폭격 작전을 결정했으나 실천 방안에 대해서 고민했다. 일본을 폭격할 수 있는 가용 기지를 보유하지 못했기 때문이다. 미군은 소형화된 폭격기를 항공모함에서 발진하는 방안을 생각했다. 4월 18일 둘리틀 폭격대의 공습은 항공모함 호넷호에 탑재한 B-25 16기로 이뤄졌다. 이 작전으로 일본에 큰 피해를 주지는 못했으나 미국인에게 희망과 전의를 다지는 계기가 됐다.

둘리틀 폭격대의 공격에 큰 충격을 받은 일본은 방어선을 외해로 넓히려고 당시 미군의 최전방 기지였던 미드웨이섬을 점령하려는 계획을 세웠다. 일본은 13세기 여몽 연합군의 정벌 실패와 조선으로부터 대마도 정벌을 당한 것을 제외하고 본토가 타격받은 것은 처음이기 때문이다.

남태평양으로 영향력을 확대하려는 일본과 이를 막으려는 미국과 충돌은 파푸아뉴기니의 포트모르즈비와 솔로몬 제도의 툴라기섬에서 일어났다. 그러나 일본의 작전은 영미군의 무선 감청으로 사전에 노출됐다. 진주만 기습 이후 본격적인 태평양 해전이 산호해에서 벌어졌다.

오스트레일리아 북동쪽에 있는 산호해 해전은 1942년 5월 7일부터 8일까지 이틀간 전개됐다. 산호해 해전은 해전 역사상 최초로 함재기간의 공방전이었다. 이 해전의 결과 일본의 경항공모함 쇼호가 격침되었고, 미국도 구축함과 유조선을 한 척씩 잃었다. 일본은 항공모함 쇼카쿠가 대파되었으나 미국도 항공모함 렉싱턴이 침몰되고 요크타운이 대파됐다. 이틀간에 세계 최초로 전개된 항공 해전에서 미 해군의 피해가 더 컸으나 포트모르즈비는 지켜냈다.

양측은 서로 승리를 주장했다. 일본 해군이 전술적으로 판정승했다고 하나 전략적으로는 미 해군에게 판정승이었다. 미군은 전략적으로 포트모르즈비를 확보하고 이후 일본의 남침을 저지하는 기지로 이용할 수 있었다.

산호해 해전은 해전의 패러다임을 바꾼 전사적 의의를 가진다. 그때까지의 해전은 가시거리 내 함대가 포격전으로 전개되었으나, 항공모함이 출현하고 나서 함재기 간의 교전으로 적 함대를 교란하고 피해를 입힌 후 주력함대가 적 함대와 포격전을 벌이는 방식이었다.

여기에 당시 레이더 조준 사격 능력을 갖춘 미 해군은 분명 일본군보다 한 수 위의 역량을 갖고 있었다. 산호해 해전은 양측의 함대가 서로를 가시거리 내에서 목격하지 못하면서 치른 최초의 해전이었다.

태평양 한가운데에 있는 미드웨이 해전은 6월 4일 개전했다. 산호해 해전에 이어 전투함의 포격 없이 항공모함 함재기 간의 전투로 치러진 두 번째 해전이었다. 일본의 작전목표는 이소로쿠 제독이 의도했던 것처럼 알류산열도 점령, 미드웨이 점령, 그리고 이후 잔존 미국 태평양 함대 세력을 전멸시키는 것이었다. 일본 대본영은 내부적인 논쟁을 벌였으나 미국의 둘리틀 폭격과 산호해 해전에 의해 일본 육군과 해군의 동의로 결행될 수 있었다.

그러나 미드웨이 해전에서 일본군의 작전 기도도 역시 미 해군에 의해 사전에 파악됐다. 1942년 4월 일본군의 무선통신 암호가 감청되면서 미드웨이가 목표임이 식별됐다. 그러나 당시 미 태평양 사령관 니미츠(Chester William Nimitz) 제독은 일본군의 목표를 파악하고도 대응책에 골몰했다. 이유는 당시 미 해군 전력은 일본보다 매우 열세였기 때문이다.

미국은 전함이 한 척도 없었고 항공모함을 제외하면 중순양함이 최대 전투함이었다. 항공모함도 당시에는 세 척을 보유하고 있었으나 엔터프라이즈호와 호넷호만 사용할 수 있었다.

일본은 항공모함 6척과 전함 11척을 보유하고 있어 정면 대결을 벌이면 미 해군이 전멸될 수도 있는 상황이었다. 니미츠 제독은 객관적 전력에서 3 대 1로 열세했기 때문에 미드웨이로 접근하는 일본군 함대를 찾아내어 함재기로 기습하는 방안을 유일한 대안으로 모색했다.

니미츠 제독은 일본군을 속이기 위해서 태평양 함대가 남태평양 지역에서 작전 중이라는 정보가 일본 정찰기에 노출되도록 기만 작전을 한다. 그리고 이후 신속하게 보급과 정비를 마치고 곧바로 미드웨이로 출동시키고 이런 상황이 일본 정찰기에 탐지되지 않도록 구축함을 운용했다. 이후 미군은 태평양 함대가 동원할 수 있는 최대 전력을 미드웨이로 집중시켰다. 항공모함 3척, 중순양함 7척, 경순양함 1척, 구축함 17척, 잠수함 19척, 함재기 233기, 육군 소속의 육상기 127기 등이었다. 이에 비해 일본의 연합함대 전력은 정규 항공모함 4척, 경항공모함 4척, 수상기모함 2척, 전함 11척, 중순양함 11척, 경순양함 9척, 구축함 65척, 잠수함 11척, 함재기 248기, 수상기와 비행정 16기 등이었다.

미 해군은 일본군 항모 전단을 격파하기 위해서 애쓰고 있었으나 당시 일본군은 승리병에 도취되어 있었다. 일본군은 작전 준비 단계에서 모의 시뮬레이션을 통해 자국의 기함이 격침될 수 있다는 결과가 나왔음에도, 실전은 다를 것이라고 기대했다고 한다. 더구나 일본은 진주만 공습 때에 보였던 철저한 작전 보안을 잊고 일반 승조원들이 미드웨이로 떠난다고 떠들고 다녔다. 야마모토 제독은 심지어 무선으로 지시를 내리고 있었다.

일본군은 함대를 4곳으로 분산 운용했으므로 상호 협조에 문제가 있었고, 레이더를 보유하지 못해 미 폭격기의 접근을 알지 못했다. 결국 일본 해군은 항공모함 3척이 격침당하면서 열세를 드러냈고, 결정적인 패전 원인은 작전 보안의 실패였다. 또한 작전 실패의 기저에는 일본군의 자만심과 적국인 미국에 대한 경시가 깔려 있었다.

일본은 미국이 진주만 기습을 당한 후 일본을 두려워할 것이라고 생각했다. 그러나 미국의 참전 여론은 소극적이었어도, 일본은 미국이 내심 일본을 격파하기 위해 노심초사하고 있었음을 의식하지 못했다. 일본은 미드웨이 해전에서 항공모함 4척과 300기 이상의 비행기와 조종사를 잃었다. 태평양 지역의 제해권은 미국으로 넘어갔고, 이후 미국은 태평양전쟁에서 반격을 시도하게 됐다.

연합군은 미드웨이 해전에 이어 남서 태평양의 솔로몬제도에서 가장 큰 섬인 과달카날 전역에서 승리한 뒤 태평양에서 주도권을 장악했다. 연합군은 1942년 8월 7일부터 이듬해 2월 9일까지 호주 북동쪽에 있는 솔로몬제도의 과달카날섬 일대에서 일본군을 공격했다.

솔로몬제도는 미국과 호주·뉴질랜드 사이에서 연합군의 병참선을 위협하는 일본군 전진기지가 위치한 곳이었다. 연합군은 일본 해군이 툴라기를 점령해 항공기지를 설치하고, 6월 초에 과달카날 근처의 룽가곶에 대규모 비행장 건설을 위해 일본군과 건설 인력을 배치했다는 사실을 확인했다. 이 기지가 완성되면 일본 해군이 남태평양 지역의 공중 지원 전력을 배치해 운용할 수 있었다.

솔로몬제도에 대한 공격 제안은 미 해군의 함대사령관 킹(Ernest Joseph King) 제독에 의해 이루어졌다. 그러나 이 제안에 대해서 내부적으로 논란을 겪었다. 육군의 마셜(George Catlett Marshall) 장군은 유럽 전선의 중요성 때문에 태평양 전역에 많은 전력을 운용할 수 없다고 반대했다. 킹 제독은 해군과 해병대만으로 솔로몬제도를 공격할 수 있다고 제안해 받아들여졌다. 미국은 비행장이 완성되는 8월 초순 이전에 공격할 것을 결정했다.

과달카날 전역에서는 3회의 전투가 섬에서 있었고, 바다에서는 7회의 해전이 전개됐다. 8월 7일 연합군은 일본군의 정찰에 노출되지 않고 과달카날 근처로 이동해 툴라기섬 등에 대한 기습 작전을 벌일 수 있었다. 일본군의 격렬한 저항에도 불구하고 미 해병이 큰 저항 없이 룽가곶을 점령할 수 있었다. 이후 지원군을 보낸 일본군과 치열한 교전이 벌어졌다. 8월 8일과 9일 사이에는 미 해군 역사상 최악의 참패로 기록된 사보섬 해전이 있었다. 이후 미 해병대는 보급 부족으로 고통을 받았고, 일본군의 공격이 무모할 만큼 치열하게 전개됐다. 어려움 속에서도 8월 20일 이른바 헨더슨 비행장을 완성하면서 큰 시련을 견뎌냈다. 그리고 10월에는 미 육군이 과달카날에 상륙해 해병대를 지원했다.

4개월 동안 해전에서 미국은 항공모함 2척을 잃는 등 큰 피해를 보았으나 과달카날의 제해권과 제공권을 장악하는 데에는 성공했다. 일본군은 충분한 보급 지원을 받지 못하면서 전력은 급속도로 약화됐다. 결국 12월 일본의 히로히토왕은 과달카날에서 전의를 상실하고 있던 일본군에게 철수 허가를 내렸다. 1943년 2월까지 2개월에 걸쳐 잔여 일본군은 철수에 성공했으나 연합군의 승리로 끝났다.

과달카날 전역 이후 미군은 태평양전쟁의 주도권을 장악했다. 이후 일본군은 태평양 지역 어디에서건 공격을 하지 못하고 방어로 전환했다. 연합군은 막대한 물량 공세가 가능했으나 일본군은 전략적인 측면에서 국력의 한계에 부딪힐 수밖에 없었다.

북아프리카 사막에서 전세 전환

개전 초기 유럽 전역에서 독일군이 전설적인 승리를 보이자 이탈리아는 추축국에 가담하고 이후 프랑스의 항복으로 프랑스 영토 일부와 식민지를 공짜로 얻었다.

이탈리아는 독일이 영국 본토 침공에 힘을 쏟는 바다사자 작전을 전개하는 상황에서 북아프리카 지역과 발칸반도에 눈독을 들였다. 그러나 당시 이탈리아군의 전력은 북아프리카 주둔 영국군이나 지중해 함대를 상대할 만큼 현대화를 했거나 정비가 되지 않은 상태였다. 이탈리아군은 개전 초부터 졸전으로 눈총을 받았고, 결국 독일군을 불러들이며 연합군과 수차례 공방전을 벌였으나 패전을 자초했다. 북아프리카 전역은 결국 무솔리니의 과대망상에 독일이 휩쓸려 들어가면서 동반 침몰하게 됐다.

북아프리카 전역은 1940년 9월 13일 이탈리아의 이집트 침공으로부터 1943년 5월 13일 추축국이 튀니지에서 항복할 때까지 지속했다. 이 전역은 동쪽으로부터 이집트·리비아·튀니지·알제리·모로코 등의 북아프리카 사막 지역과 일부 지중해 전역까지 포함하고 있다. 실제로 북아프리카 전역은 대부분 사막 전투였다. 이 전투에 참여한 장병은 연합군이나 추축국 모두 사막이라는 생지옥 같은 환경과 또 다른 전투를 치렀다. 그나마 연합군은 이집트를 식민지로 가졌고 식수나 식량 등의 보급 능력에서 추축국보다 수월해서 연합국의 승리로 이어졌다.

북아프리카 전역의 시작은 독일군의 혁혁한 전공으로 이집트까지 독일군에 넘어가게 될 것이라는 무솔리니의 조바심으로 시작됐다. 이탈리아는 영국조차 조만간 독일에 점령될 것으로 생각했다. 당시 리비아에 있던 25만 명의 이탈리아군은 이집트 주둔 영국군 3만 전후와 비교하면 수적으로 절대적 우위에 있었다. 이집트를 침공하고도 영국이 항복할 것으로 보고 130킬로미터 지점에서 방어진을 구축하면서 진격을 지체했다. 당시 히틀러도 영국 침공의 성공 가능성을 포기하고 런던 공습을 단념하고 있었다. 영국군의 웨이벌

(Archibald Percival Wavell) 장군이나 리처드 오코너 장군은 군수물자를 보급받을 수 있는 시간을 벌었다.

영국은 북아프리카 전역에서 대규모 반격 작전인 컴퍼스 작전(Operation Compass)을 1940년 12월 개시했다. 영국은 우세한 해군과 공군을 이용해 서진했다. 1941년 2월 이탈리아군의 방어선을 무너뜨리며 북아프리카 중앙에 있는 리비아 동부의 지중해 항구도시 투브루크마저 점령했다. 영국군은 이 기간에 무려 800킬로미터를 진군하면서 13만 명의 이탈리아 포로와 전차 등의 장비를 노획했다.

이탈리아가 북아프리카 전선에서 추태를 보이는 상황에서도, 독일은 처음부터 소련 침공을 준비하면서 관심을 두지 않았다. 그러나 영국군이 11월 11일 이탈리아 해군의 모항이었던 타란토에 공습을 가하면서 지중해 제해권이 이탈리아에서 영국으로 넘어갔다. 이는 남부 유럽 지역 통제권이 연합군에게 장악될 수 있는 상황이었다. 히틀러는 고민에 빠졌고, 소련 침공을 준비하며 대기 병력을 투입하고 로멜(Erwin Rommel) 중장을 아프리카 사령관으로 임명해 이탈리아군을 지원토록 했다. 1941년 2월 6일 독일군 아프리카 군단이 창설되면서 로멜 장군은 사령관으로 임명됐다.

로멜 장군이 아프리카 군단을 지휘하면서 이른바 '사막의 여우'라는 전설이 시작됐다. 로멜 장군은 전투능력이 부족한 이탈리아군과 보급이나 지원이 열악한 사막 환경, 그리고 충분한 기갑 전력을 보유하지 못하는 상황에서 사실상 방어가 불가능하다고 보았다. 그래서 오히려 가용한 기동 장비를 전차로 위장하고 영국군을 기만하면서 공세 전술을 채택하기로 결정했다.

영국군은 로멜의 대규모 전차 부대 공세에 전투 의지를 잃어버리고 퇴각했다. 심지어 오코너 장군도 포로로 잡히는 굴욕을 당했다. 1941년 3월 말 공격을 개시해 불과 1주일 만에 영국군을 800킬로 밖으로 몰아내며 리비아 북동쪽에 있는 투브루크 전방까지 진출했다.

영국의 웨이벌 장군은 본토로부터 전차와 물자를 보급받은 뒤, 다시 리비아로 진격을 모색한다. 5월 영국군은 리비아로 공격을 수차례 시도했으나 로멜의 기민한 작전으로 다시 이집트로 철수했다. 이로써 로멜의 명성은 높아졌다. 웨이벌 장군은 해임되고 6월 22일 오친렉(Claude Auchinleck) 대장이 신임 사령관으로 부임했다.

1941년 6월 독·소 전역이 시작되면서 영국에 상황이 호전됐다. 히틀러는 처음부터 소련을 목표로 했기에 북아프리카 전선으로 보급하는 것은 차순위였다. 영국은 이집트를 포기할 것까지 고려했다. 독·소전의 개전으로 로멜은 투브루크를 점령한 후 수비태세로 전환했다. 영국은 대규모 반격을 시도했고 로멜은 뛰어난 작전으로 영국군을 괴롭혔으나 결국 리비아 서쪽의 엘 아게일라까지 물러날 수밖에 없었다.

1941년 말 독·소 전역이 겨울의 소강상태로 전환되자 히틀러는 나머지 전력을 지중해로 투입했고 목표를 몰타섬으로 해 대규모 공군력을 투입해 초토화했다. 로멜은 이런 상황을 이용해 모험하기로 작정했다. 주변의 반대를 무릅쓰고 공세를 펼쳐 리비아에서 영국군을 몰아내려 했다.

그리고 1942년 6월에는 투브루크를 탈취하는 성과를 달성한다. 이어서 영국군을 엘 알라메인까지 밀어붙였으나 영국군의 완강한 저항에 부딪혔다.

이 무렵 연합군은 다시 몰타를 회복하면서 독일군의 고질적인 보급과 지원 문제는 악화됐다. 영국은 오친렉 장군을 해임하고 알렉산더(Harold G. Alexander) 대장과 몽고메리(Bernard L. Montgomery) 중장을 파견했다. 몽고메리 장군을 임명한 것은 전쟁 중 처칠이 한 훌륭한 인사였다. 몽고메리 장군의 전략은 충분한 물자를 확보할 때까지 대치 상태를 유지하는 것이었다. 처칠의 독려에도 불구하고 몽고메리는 개의치 않고 10월까지 미국의 보급 지원을 착실히 챙겼다.

로멜은 카이로를 조기에 점령하려 했으나 몽고메리의 전략으로 다급해졌다. 10월이 되자 영국군은 독일군보다 2배의 전력을 갖추고 총공세를 펼쳤다. 추축군은 완강히 저항했고 로멜의 탁월한 능력으로 영국군에게 엄청난 피해를 주었으나 어쩔 수 없었다.

1942년 11월 8일 독일군의 패주가 시작된 시점에 영미 연합군은 리비아 서쪽의 모로코와 알제리해안에 10만 명을 상륙시키는 횃불 작전(Operation Torch)을 전개한다. 추축군은 양측의 연합군에게 협공을 받았다. 추축국은 튀니지에서 가용 자원을 집중해 완강한 저항을 벌이며 미군에게 대대적 피해를 주기도 했으나 전세는 기울면서 로멜이 포로로 잡힐 상황에까지 이르렀다. 독일은 로멜이 포로로 잡히는 것을 원치 않았기에 본토로 소환했다.

결국 연합군은 1942년 11월 10일 모로코·알제리·튀니지를 점령했다. 독일군 12만 명을 포함한 27만 명의 추축국 병력이 포로가 됐다. 북아프리카에서 추축국의 세력이 완전히 사라졌다. 북아프리카 전역에서 승리한 연합군은 지중해를 확보하고 남유럽에 대한 압박을 가할 수 있었다. 두 달 후에 연합군은 이탈리아의 시칠리아를 침공하면서 공세로 전환한다.

제6장

1943년 유럽에서
전세 역전

독일의 스탈린그라드 패전

1941년 6월 독일군이 바르바로사 작전을 개시한 후 개전 초기 소련군은 큰 피해를 보았으나, 12월 모스크바 공방전을 기점으로 소련군은 반격에 나선다. 독일군은 동계로 접어들면서 장비 부족과 보급의 제한으로 모스크바로 계속 공격할 수가 없었다. 특히 중부 집단군의 손실이 컸기 때문에 모스크바를 계속 공격할 수 없었다. 독일은 미국이 참전한 상황에서 미군이 투입되기 전에 동부전선을 끝내야 했다.

히틀러는 150여 년 전 나폴레옹이 러시아 원정을 나섰다가 동장군과 초토화 작전 때문에 패퇴했던 경험이 있었다. 그래서 히틀러는 정치적으로 중요한 모스크바나 레닌그라드보다도 실질적인 목표로 코카서스의 대유전 지대에 눈독을 들였다.

독일은 코카서스 대유전을 확보하고 독일군의 좌익을 보호하기 위해서 스탈린그라드(볼고그라드)를 확보하고자 했다. 스탈린그라드는 돈강과 볼가강이 최대한 가깝게 붙은 곳이었다. 그리고 스탈린그라드는 카스피해와 북부 러시아를 잇는 볼가강의 주요 산업도시이며 교통의 요지였다. 코카서스를 차지하면 연료 문제도 해결하고 북아프리카 전역에서 동진하는 로멜 아프리카 군단과 연결될 수 있기를 바랐다.

그러나 스탈린에게서 코카서스를 잃는다는 것은 독일과 계속 전쟁할 수 없고, 볼가강과 이 지역을 연결하는 철도망까지 단절되면 모스크바도 고립될 수 있음을 의미했다. 더불어 러시아 남서부에 있는 스탈린그라드는 교통상 요지로서 생명선과 같은 곳이었다. 독일과 소련 모두 스탈린그라드의 중요성을 알고 있었다.

스탈린은 결사 항전을 선언한다. 스탈린그라드는 러시아 내전 당시 백군의 포위에도 불구하고 적군이 사수하면서 공산혁명을 완수한 도시였다. 스탈린은 1925년 자신의 이름을 따서 스탈린그라드로 바꾸고 소련 내에 가장 살기 좋은 도시로 만들고자 했다.

독일군은 전격전을 통해 강한 지점을 우회해 배후로 기동하면서 적을 마비시키는 방식으로 전쟁했다. 그러나 스탈린그라드는 이런 전술을 적용할 수 없는 곳이었다. 스탈린그라드 앞에는 돈강 지류가 흐르고 동쪽 배후에는 볼가강이 있어서 우회할 수도 없었다. 독일은 스탈린그라드를 서쪽으로부터 압박해 밀고 들어가는 전술을 쓸 수밖에 없었다. 다만 독일군은 소련군의 전투력을 낮게 보고 다소 저항은 있으나 스탈린그라드 함락을 그리 어렵게 생각하지 않았다.

히틀러는 코카서스를 점령하기 위해서 1942년 6월 28일 남부 집단군을 2개의 집단군으로 나누어 공격을 개시한다.

A집단군은 코카서스를 점령하기 위해, 그리고 B집단군은 볼가강까지 진출하기 위해 돈강 교두보를 넘어서 진군하는 것이었다.

스탈린그라드 전역 초기 독일군은 독·소 개전 초기와 같이 일방적으로 소련군을 몰아붙였다. 만슈타인 장군이 지휘하는 제11군은 흑해 연안의 소련군 30개 사단을 격파하고 코카서스를 점령할 2개 집단군 배후의 위협을 제거했다. 파울루스(Friedrich Wilhelm Ernst Paulus) 장군이 지휘하는 독일의 제6군은 소련군을 스탈린그라드 외곽까지 밀어붙였다. 스탈린그라드는 평원 위에 노출된 도시로서 탈취하기에 쉬워 보였다. 독일군의 수천 대 폭격기가 무차별적으로 폭격하기 시작했다. 스탈린그라드의 처절한 공방전이 시작됐다.

독일군은 서쪽과 북쪽에서 6군이, 남쪽에서 4기갑군이 돌파를 시도했으나 소련군은 완강히 저항했다. 소련군은 예료멘코(Andrey Ivanovich Yeryomenko) 집단군 사령관이 지휘를 맡고 북부의 제62군과 남부의 제64군이 핵심이 되는 50만 명의 병력이 외곽부터 겹겹이 방어선을 구축하고 있었다. 독일의 압박으로 소련군 외곽이 붕괴되자 소련군은 도심 내부로 철수해 방어진을 구축했다. 독일은 이 정도의 압박을 주면 소련군이 쉽게 물러날 것으로 생각했다.

그러나 소련은 사수를 엄명했고 동쪽에 거대한 볼가강이 흐르고 있어 당의 허락 없이는 철수할 수 없었다. 도망병이 있으면 정치국원들이 기관총을 난사했다. 공습으로 폐허가 된 건물은 방어진지가 되었고 아파트와 건물의 층마다 기관총과 박격포가 배치되어 있었다.

독일은 공격하면서 도시 전체가 하나의 요새로 구축됐다는 사실을 알았다. 기갑부대의 진출은 매우 어려웠다. 도시 곳곳에서 대전차포가 날아와 독일군 전차를 파괴했고, 보병들은 기관총 공격을 받고 쓰러졌다. 또한 독일군과 소련군이 섞여 있어서 포병이나 공군의 화력지원도 어려웠다. 파울루스 사령관은 시간이 걸리더라도 각개격파를 해서 도시를 완전히 점령하려고 했다. 이는 소련군이 원하는 도심 시가지 전투의 늪으로 독일군이 빨려 들어가는 것이었다.

소련군은 제64군이 와해되는 과정에 제62군 사령관을 바실리 추이코프로 교체 임명하고 독일 제6군을 물고 늘어지도록 임무를 부여했다. 소련군은 전투력을 상실한 부대에 대해서 신속히 전투력 복원과 재건을 시행해 스탈린그라드 사수에 온 힘을 기울여 독일군을 놀라게 했다.

독일의 제6군은 계속해서 공격했고 제62군의 방어선은 무너지기 시작했다. 외곽의 콤비나트 트랙터 공장·주택 지구·비행장이 피탈되었으나, 제62군은 볼가강 선착장을 고수해 보급로를 확보했다.

예료멘코 사령관은 대규모 병력을 즉각 투입해 제62군의 전투력을 복원시켰다. 소련군의 보충 병력은 볼가강 동쪽에서 투입됐으나 독일군의 공습으로 피해를 보았다. 간신히 전투에 투입된 보충 병력은 2~3명당 한 정의 소총과 약간의 실탄을 받아 옆 전우가 쓰러지면 총을 인계받아 전투를 지속할 정도로 처참한 상황이었다. 만약 후퇴하면 후방의 정치국원이 쏘는 기관총 세례를 받아야만 했다. 제62군은 젊은 이들의 목숨으로 독일군의 공격을 막아내는 반인륜적인 작전의 희생양이었다. 그러나 독일군도 끊임없이 밀려오는 소련군의 육탄 돌격에 서서히 지쳐갔다.

9월이 되면서 독일군은 스탈린그라드 도심을 제외하고 볼가강 서쪽의 남북까지 진출해 소련 제62군을 고립시키는 데 성공했다. 그리고 계속해서 압박해 제62군을 절단해 도시의 중앙까지 진출해 사실상 최후의 순간이 다가온 것으로 보였다. 독일군과 소련군이 사실상 뒤엉킨 상태여서 서로 혼재됐다. 추이코프 사령관은 독일군에게 그들의 등 뒤에 총이 있다고 생각하라고 명령하면서 지옥 같은 근접 시가전을 강요했다.

10월 14일 소련 제62군의 추이코프 사령관은 사투에도 불구하고 전투력의 80퍼센트가 손실되자 결국 후퇴를 명했다. 독일군은 제62군을 전멸시키기 위해 추격을 명했으나, 제62군은 노동자를 보충대로 편성해 다시 방어에 나섰다.

히틀러는 코카서스로 진군하던 일부 부대는 물론 가용한 자원과 전력을 스탈린그라드로 충원했다. 그러나 투입된 독일군 장병은 계속해서 죽음의 블랙홀로 빨려 들어갔다. 독일 수뇌부의 할더(Franz Ritter Halder)나 브라우히치(Walther von Brauchitsch) 등은 히틀러에게 스탈린그라드를 우회하고 코카서스를 점령할 것을 건의했다.

그러나 히틀러는 이들을 해임하고 스탈린그라드 점령에 목을 매었다. 이유는 도시의 이름 때문이었다.

스탈린그라드는 전쟁에 미친 히틀러와 스탈린이 벌이는 피의 잔치가 됐다. 두 전쟁의 악마는 전쟁을 섬멸전으로 보는 관념에 사로잡혀서 서로를 궁극적으로 파멸시키는 것에

만 집착했다.

10월 말 독일의 파울루스 제6군은 도시의 90퍼센트를 점령했다. 사실상 스탈린그라드는 독일이 점령한 것이었다. 그러나 나머지 볼가강의 서쪽 교두보에 간신히 남아 있는 10퍼센트의 소련 제62군은 끈질기게 저항을 이어갔다. 독일군에 의한 소탕전이 벌어지고 있었으나 어디선가 소련군이 나타나서 독일군을 습격했다. 마치 산불이 진화되었으나 계속해서 잔불이 발생해 진화를 마무리하지 못하는 상황과 같았다. 소련군은 볼가강 동쪽에서 계속해서 병력과 실탄을 공급해주면서 잔불을 유지하며 저항했다.

11월 11일 파울루스는 7개 사단의 병력으로 소련군 소탕전을 대대적으로 전개했다. 무려 5시간의 백병전이 이어졌고 독일군의 승리가 목전에 다다랐다. 그러나 소련 제62군이라는 미끼에 정신을 잃고 있던 독일 제6군에게 전혀 뜻밖의 상황이 전개되었다.

독일 제6군의 좌우를 경계하던 루마니아군의 방어에 문제가 생겼다. 이들은 타의에 의해 전쟁에 참여했고 독일군과도 사이가 좋지 않았다. 소련군의 총부사령관 게오르기 주코프 장군은 독일 제6군의 좌우에 배치된 루마니아군을 절단해 스탈린그라드에 집중된 독일 주력을 포위 섬멸한다면 단번에 전세를 전환시킬 것으로 생각했다. 11월 19일 개시된

천왕성 작전(Operation Uranus)이 입안된 것이다.

소련군은 두 달 동안 무려 5개 집단군으로 150만의 병력, 1,000대의 전차, 그리고 1,500기의 전투기로 구성된 대군을 구성해 11월 10일 은밀히 포위 배치를 완료했다.

루마니아군은 소련군의 동태를 파악하고 독일 지휘부에 보고했고, 독일 지휘부는 이런 보고를 평가절하하면서 전체적인 전선 상황을 파악하지 못하고 제48장갑 군단만을 파견했다. 그러나 150만의 병력에 대응하기에는 부족한 전력이었다.

1942년 11월 19일 제62군이 피를 흘리며 독일 제6군을 견제하고 있을 때 소련군의 대대적인 반격이 돈강을 넘어서 루마니아 진지로 밀물처럼 밀려들었다. T-34 전차가 돌진해오자 루마니아군은 이를 막아낼 수 없었다. 불과 나흘 만에 독일 제6군의 좌측에 있던 루마니아 제3군이 붕괴되었다. 그러면서 남진하던 소련의 니콜라이 바투틴 집단군과 북진하던 예료멘코 집단군에 의해 스탈린그라드는 완전히 포위된 것이다.

스탈린그라드 내에 있는 독일군은 무려 33만의 대병력과 장비가 소련군에게 포위됐다. 이 무시무시한 포위망 내에 독일 B집단군의 주력은 거의 와해될 정도의 타격을 입었다. 스탈린그라드를 정복하려던 히틀러의 광기는 최악의 상황을 맞았다. 독일군은 처음부터 소련군을 경시했던 우를 범했고, 전쟁을 전략적인 관점에서 보지 못했다. 심지어 스탈린그라드로부터 2,000킬로미터 떨어진 곳에 있던 히틀러는 소련군 포위 부대의 규모조차 파악하지 못하고 여전히 소련군을 압박해서 물리치라고 지시했다.

스탈린그라드를 포위한 소련군은 독일군과 다른 전술적 선택을 했다. 독일군을 공격하지 않고 시간을 갖고 서서히 고사시키기로 했다. 거꾸로 시가전에 빨려 들어갈 필요가 없다고 생각했다. 그리고 스탈린그라드 외곽에 겹겹이 포위망을 구축하고, 잔여 부대를 모아 독일 B집단군의 잔여 부대를 로스토프 쪽으로 밀어붙였다.

히틀러는 소련군에게 포위되는 상황에서 또 한 번 오판했다. 파울루스 사령관은 스탈린그라드에서 철수할 것을 건의했다. 히틀러는 공군 사령관 괴링의 공군을 이용한 공중 보급으로 제6군이 스탈린그라드를 방호할 수 있도록 지원하겠다는 감언이설을 받아들였다. 독일군 수뇌부는 또다시 소련의 후속 전쟁 역량을 오판하고 현지 고수를 결정했다.

독일군의 공중 보급 지원은 제공권 부재와 항공기 부족으로 이뤄지지 않았다. 그리고 파울루스는 여러 차례 걸쳐서 탈출하거나 아니면 남쪽으로 전선을 돌파해 B집단군과 협조된 작전을 건의하면서 재량권을 요구했다. 그러나 히틀러는 보급해주겠다는 지키지 못할 약속을 하면서 거부했다.

150여 년 전 같은 실패를 했던 나폴레옹은 모스크바를 점령하고도 자존심을 버리고 철수했다. 그러나 히틀러는 파울루스의 부대가 탈출할 수도 있었는데도 자존심을 세우고 탈출을 허락하지 않았다.

독일 B집단군사령관 바이흐스(Maximilian von Weichs)는 주력인 제6군이 포위된 상태에서 소련군의 압박을 받고 있어서 제6군을 구출해낼 수 없었다. B집단군의 잔여 전력이 붕괴되면 남쪽의 코카서스로 진군한 A집단군에도 위협이 되기 때문이다. 이런 상황에서 히틀러는 만슈타인에게 새롭게 돈 집단군을 편성하도록 임무를 부여한다. 급하게 창설된 돈 집단군은 실질적인 전력이 부족했다. 만슈타인은 사실상 2개 군단이 가용하기에 구원 부대와 고립 부대로 편성했다. 구원 부대는 호트(Hermann Hoth) 장군을 기갑 집단군 사령관으로 임명했고, 홀리트(Karl Hollidt) 장군에게 파견군을 지휘하도록 임무를 부여했다. 만슈타인에게 제6군을 구출하라는 임무는 현실성이 없었다.

12월 11일 제6군을 구출하기 위해 호트 장군이 이끄는 기갑 집단군은 3개의 전차 사단을 선봉으로 공격했다. 호트 장군은 기동전의 전문가로 부하들의 신망이 높았다. 홀리트 장군의 파견부대가 서쪽을 엄호하면서 홀리트 장군은 남쪽에서 스탈린그라드 쪽으로 기동전을 전개하며 소련군을 돌파했다. 그러자 소련군에 동요가 일어났다. 곧 지원부대를 투입했으나 독일군의 기세를 감당하지 못했다. 이런 상황에서 파울루스가 같이 독일군을 협공해야 했으나 히틀러의 고수 명령에 집착해 꼼짝하지 않았다.

만슈타인 부대는 스탈린그라드 남쪽 50킬로미터까지 진출했다. 만슈타인은 가용 예비대가 부족해 소련군이 추가 투입되면 어려운 상황에 빠지고 만다. 그래서 파울루스에게 남서쪽을 탈출하도록 명령했다. 우유부단한 파울루스는 고민하다가 총통의 지시를 거역하지 못하고 4개월간 점령한 스탈린그라드를 고수할 것을 결정한다. 만슈타인은 화가 나 히틀러에게 직접 탈출을 요청했으나 대답은 같았다. 만슈타인 부대가 스탈린그라드 남쪽 35킬로미터까지 진출했으나 측방이 소련군에게 돌파당하면서, 돈 집단군마저 포위될 상황에 처했다. 스탈린그라드라는 거대한 폐허 속에서 질병이나 부상 그리고 기아 속에서 12월 24일 크리스마스를 보냈다.

소련군은 파울루스에게 항복 권고문을 보냈으나 거부하자 1943년 1월 12일 대공세를 펼친다. 파울루스는 히틀러에게 수차례에 걸쳐서 항복을 요청했다. 히틀러는 파울루스를 원수로 승진시키면서 자결하라는 무언의 메시지를 보냈다. 이에 분노한 파울루스는 원수로 승진하면서 1943년 2월 2일 항복했고 6개월의 사투 끝에 독일군은 패배했다. 독일군의 일부 병력은 알고도 그랬는지 모르고 그랬는지 이후에도 한 달 정도를 저항했다고 한다.

항복 소식을 전해 들은 히틀러는 죽음으로 몰아넣은 것이 자신인데도 저급한 볼셰비키인에게 비겁하게 목숨을 구걸 했다며 부하들을 저주했다고 한다. 그리고 일주일 후 나치스 의 선전장관 괴벨스(Paul Joseph Goebbels)는 제6군이 영웅적으 로 싸우다 산화했으며 이들의 뜻을 받들어 볼셰비키와 유대 인의 격멸에 매진하자고 선동했다.

스탈린은 자신의 이름을 붙인 도시를 그야말로 피로 지켜 내면서 단번에 전세를 전환하고 자신의 입지를 다졌다. 히틀 러의 아집과 광기는 스탈린이라는 독재자를 영웅으로 만들 었고, 반대로 소련군의 반격으로 인해 자신을 파멸로 몰아넣 은 셈이 됐다.

소련은 개전 후 500만 명의 손실을 보고 이를 회복할 수 있는 잠재력이 있었으나, 독일은 스탈린그라드에서 얻은 손 실로 전쟁 잠재력에서 한계를 드러냈다. 독일군이 최초의 작 전 목적에 충실해 코카서스를 확보하고 스탈린그라드를 견 제했다면 이런 처절한 패배를 당하지 않고 전세를 유지할 수 있었을 것이다. 포위된 독일군 33만 명의 병력 중 살아서 포로가 된 사람은 9만 명밖에 되지 않았고, 그나마 전쟁 후

죽지 않고 고향으로 돌아간 사람은 5,000명뿐이었다고 한다.

소련은 스탈린그라드 전역의 승리를 현재까지도 대대적으로 기념하고 있다. 그러나 소련이 입은 피해를 보면 승리라는 표현은 어울리지 않는다. 소련은 100만 내지는 150만 명의 사망자를 포함해 500만 명 이상 내지는 800만 명의 인명 손해를 입었다.

스탈린은 병사에게 훈련도 제대로 시키지 않고 총이나 헬멧도 주지 않은 상태에서 총알받이로 몰아넣었다. 히틀러와 똑같이 살육 경쟁을 벌인 셈이다. 독일군과 비교하면 작전 능력이 뒤떨어진 소련군이 독일군보다 3배 내지는 7배가 넘는 어마어마한 희생과 대가를 치르고 얻은 승리에 대해 마냥 박수를 치기에는 어딘가 허전하다.

199일간 지속된 스탈린그라드 전투는 인류역사상 가장 큰 단일 전투로 알려졌다. 1945년 스탈린그라드는 영웅 도시의 칭호를 받았다. 소련군은 독·소전 이래의 패배를 딛고 이후 독일군과 대등하게 싸울 수 있었다. 연합국은 추축국에 대해서 전세를 역전시키는 계기가 됐다. 일반적으로 스탈린그라드 전투를 시작으로 나치스 독일이 패전으로 접어들었다고 본다.

연합군의 시칠리아 점령과
이탈리아 진군

1943년 북아프리카 전역에서 추축국으로부터 항복을 받은 2개월 후인 7월 9일 연합군은 이탈리아 시칠리아를 공격했다. 1943년을 기점으로 연합군이 추축국과 교전에서 승리하면서 전세는 연합국에 유리해졌다. 독일과 소련 간의 2월 스탈린그라드 전역, 5월 북아프리카 전역에서 추축국이 잇달아 패퇴하면서 7월에는 독일군과 소련군은 러시아의 서남부 지역인 쿠르스크에서 역사상 최대 규모의 기갑전을 벌였다.

북아프리카 전역에서 성공한 이후 연합국은 차후 작전 방향에 대한 논의가 있었다. 미국과 소련은 늦어도 1943년 안에 프랑스 등 독일 본토와 가까운 곳에 제2전선을 벌여야 한다는 주장을 했고, 영국은 이탈리아에 상륙하는 안을 제기했다. 영국은 미국과 소련의 의견을 무시할 수 없어서 중재안으로 시칠리아를 장악해서 최소한 북아프리카를 확실히 확보하는 조정안을 제시해 동의를 얻어냈다.

연합군은 패튼(George Smith Patton Jr.) 장군의 미 제7군과 몽고메리 장군의 영국 제8군을 알렉산더 대장 휘하의 제15집단군으로 편성해 시칠리아섬 중남부와 동남쪽 해안 상륙작전을 시행했다. 지중해의 중앙에 있는 시칠리아섬은 남부 유럽에 상륙하기 위한 교두보가 될 수 있는 전략적 위치에 있었다.

7월 9일 자정부터 영국과 미군의 공정작전 시작으로 최초 강풍으로 어려움을 겪었으나 상륙작전은 예정대로 진행됐다. 영미군은 두 개의 축선으로 진격해 7월 22일 시칠리아 최대 도시인 팔레르모를 점령했다. 독일군은 반대편 이탈리아반도에 해안포 수백 대를 설치해 연합군의 상륙작전을 방해했다. 연합군의 강력한 압박에 독일군은 8월 11일 이탈리아 북부 메시나를 거쳐 이탈리아 본토로 퇴각했다. 시칠리아섬은 38일간의 공격으로 점령됐다.

연합군이 시칠리아를 공격하자 독일은 모스크바 남서쪽의 쿠르스크 전선에 있던 독일군 일부를 이탈리아로 전환했다. 스탈린이 의도한 대로 독일군은 쿠르스크 공세를 종료할 수밖에 없었다.

쿠르스크 전투는 역사상 최대 규모의 기갑전으로 꼽힌다. 소련군은 약화된 독일군을 밀어붙여 8월 23일 하리코프를 점령하며 쿠르스크 전투를 승리로 이끌었다.

미국은 시칠리아를 공격하면서 제2전선을 형성하기 위해서는 더욱 많은 병력과 물자와 함께 시간이 필요하다는 것을 알았다. 따라서 1943년 안에 제2전선을 형성하는 것은 어려우므로 그사이에 이탈리아를 공격하는 방안을 채택했다.

1943년 9월 미군은 이탈리아 남부 살레르노에 상륙 작전을 개시했고, 처음에는 다소 고전했으나 영국과의 협조된 작전으로 교두보를 확보했다. 이탈리아의 파시스트 정부는 내부 분란으로 붕괴하면서 무솔리니는 연금되고, 후임으로 바돌리오(Pietro Badoglio) 원수가 내각을 구성했고, 9월 8일 바돌리오 원수는 연합군에 무조건 항복했다.

이탈리아 공격작전이 순조롭게 진행되는 것으로 보였으나, 당시 이탈리아를 책임지던 독일군의 케셀링(Albert Kesselring) 공군 원수는 지역 내의 이탈리아군을 규합했고, 또한 구금 중인 무솔리니를 구출해 9월 23일 그를 수반으로 하는 괴뢰정부인 살로 공화국(Repubblica di Salò)을 발족시키면서 강력하게 저항했다. 10월에 미 제5군은 나폴리를 점령하고, 영국 제8군은 동부해안의 포지아를 점령하면서 이탈리아반도에 견고한 발판을 구축했다. 연합군은 로마를 점령하기 위해 심혈을 기울였다. 그러나 로마에 이르는 공격 방향으로 산악 지형과 평지의 두 방향이 있었으나 독일군의 저항이 만만치 않았다. 미 제5군은 이탈리아의 산악 지형에서 엄청난 피해와 지지부진한 전투로 11월에 접어들면서 공세를 중단했다.

연합군은 로마를 점령하기 위해서 새로운 상륙작전을 구상한다. 그러나 당시 연합군은 이미 노르망디 상륙작전을 준비하고 있었다. 따라서 대부분 함선을 서부전선으로 집중하고 있는 상황에서 이탈리아 전선에 지원할 전력은 부족했다. 처칠 수상은 이탈리아 남부의 안치오 상륙작전에 의지를 보이며 루스벨트에게 간청해 상륙함(LST, landing Ship Tank)을 얻어냈고, 이에 따라 상륙작전이 실행될 수 있었다.

1944년 1월 22일 연합군은 이탈리아 서부해안인 안치오 상륙작전을 개시했다. 미군의 최초 기습 상륙은 성공적이었다. 그러나 독일의 케셀링 사령관은 당시 연합군의 다양한 공격에 철저히 준비해 탁월한 방어 작전을 전개했다. 그는 연합군이 예상한 것보다 훨씬 더 많은 예비대를 보유하고 있었다. 그리고 이에 대해서 연합군은 미처 예상하지 못했다. 독일군 예비 병력이 전개되면서 이후 치열한 공방전이 전개됐다. 미 제6군단장 루카스(John Lucas) 장군은 교두보

를 강화하는 데 힘쓰며 공격작전을 채택하지 않았다. 제6군
단은 마치 좁은 지역 내의 포로수용소에 갇혀 있는 형국이
었다. 안치오 작전에서 독일군이나 미군 모두 큰 피해를 보
았다. 특히 연합군 내에서 이에 대한 책임 문제가 거론됐다.
2월 22일 연합군은 루카스 장군을 해임하고 트러스콧(Lucian
Truscott)을 제6군단장으로 임명했다. 이후 양측 간의 직접적
인 공격은 소강 국면으로 전환됐다. 독일군은 포격을 통해
연합군을 괴롭혔다.

제6군단 병력은 1944년 5월에야 간신히 안치오해안을 벗
어나 내륙으로 진군할 수 있었다. 클라크(Mark Wayne Clark)
제5군 사령관은 6월 4일에야 로마를 점령했다. 그러나 미국
의 아이젠하워(Dwight David Eisenhower) 장군이 6월 6일 노르
망디 상륙작전을 해서 로마 점령은 여론의 관심을 끌지 못
했다. 독일군은 로마 북부로 철수해 새로운 방어선을 구축했
다. 1945년 5월 유럽에서 전투가 종료될 때까지 이탈리아의
완전한 정복은 연기됐다.

제7장

1944년
연합군의 진격

연합군의 노르망디 상륙작전

    연합군은 1944년 6월 6일 노르망디 상륙작전을 필두로 프랑스를 탈환하기 위한 오버로드(overlord) 작전을 개시한다. 노르망디해변은 프랑스 북서쪽에 있는 해안이었다. 노르망디로부터 나치 독일이 점령하던 유럽 해방이 시작되었고, 이 작전은 역사상 가장 큰 규모의 상륙작전이다.

    1943년 중반 북아프리카 전역에서 로멜을 몰아낸 연합군은 여세를 몰아 시칠리아를 점령하고 9월에 이탈리아 본토 공격을 개시했다. 동시에 동부전선에서는 1943년 2월 소련이 스탈린그라드 전투에서, 8월 쿠르스크 전투에서 승리하면서 공세로 전환했다. 이런 분위기에서 연합군은 워싱턴에서 5월 트라이던트 회담을 열고 다음 해에 프랑스를 침공하는 방안과 오버로드라는 암호명이 결정되면서 작전 준비가 시작됐다. 최초 단계에서는 연합군이 상륙작전을 실행할 수 있는 상륙주정이 대부분 태평양 지역에 동원되어 있어서 다소 문제가 됐다.

오버로드 작전 개전은 유럽 대륙에 대한 상륙작전으로부터 시작되어야 했기에 어느 곳을 상륙 지역으로 선정하는가는 매우 중요한 문제였다. 최초에 후보지로 고려된 곳은 북으로부터 네덜란드 및 벨기에해안, 비스카야해안과 파드칼레 지역, 센강 하구와 그 인접 지역, 노르망디 지역, 그리고 비스카야만 지역 등 6개 지역이었다. 이 가운데 파드칼레 지역은 영국 본토와 가장 근접한 지역이나 독일군 방어 태세가 가장 견고하며 바람이 강하고 사구가 많아 제한된다고 보았다. 반면에 노르망디 지역은 넓은 정면이며, 강풍을 차단할 수 있고, 파리로 이어질 지상 작전과 이후 독일로 진출하기에도 유리하고 비교적 독일군 방어 태세도 미약하다는 이점 등으로 선정됐다. 다만 노르망디 지역은 항만 시설이 부족하다는 치명적 약점으로 이를 해결하기 위해서 인공적인 가설 항만 개발을 고려했다.

상륙작전은 1944년 5월 1일을 작전 개시 일로 결정했으나 상륙작전 장비를 준비하는 데 시간이 부족해서 한 달 늦어진 6월 6일로 지연됐다. 미국 아이젠하워 장군이 연합국 원정군 최고사령부 사령관으로 임명됐다. 영국의 몽고메리 대장은 지상군 사령관으로서 지상 작전에 대한 책무를 받았다. 연합군은 상륙작전을 벌이기 위해 39개 사단 규모에 100만 명이 훨씬 넘는 병력을 오버로드 작전에 투입하기로 하고, 미군이 22개 사단, 영국군이 12개 사단, 그리고 캐나다·폴란드·프랑스 등이 연합군으로 참여했다. 이에 대비한 독일군은 59개 사단이 투입되었으나 질적으로 떨어졌고, 특히 공군력의 열세로 제공권을 상실하고 전략예비대도 부족한 상태였다.

연합군 측은 노르망디 지역에 대한 상륙작전을 독일군에게 노출되지 않도록 수개월에 걸친 기만 작전을 펼쳤다. 기만 작전의 핵심은 히틀러가 노르망디가 아니고 영·불해협의 연결항구인 파드칼레 북쪽 지역 등을 상륙작전 지역으로 오판하게 하는 것이었다. 이런 기만 작전에는 거짓 정보를 독일군에게 흘려 노르웨이에서 상륙작전을 하는 것으로 믿게 했다. 패튼 장군이 칼레 방면을 공격하는 것처럼 보이려고 영국 남동쪽의 켄트주와 서식스주에 주둔하는 것으로 위장했다. 패튼 장군은 7월까지 그곳에 주둔함으로써 독일군은 연합국이 칼레 방면에서 공격할 것으로 믿었다. 동시에 대서양 쪽의 독일군 레이더 시설은 연합국 공군이 파괴했다. 그리고 상륙작전 직전까지 연합군의 중폭격기가 칼레 앞바다인 도버 해협을 비행하면서 독일군 레이더를 교란했다.

연합군의 상륙작전에 대해서는 독일군 서부전선 최고사령관 룬트슈테트(Gerd von Rundstedt) 원수와 예하 집단 군사령관이었던 로멜 장군이 방어 계획을 준비하고 있었다. 룬트슈테트 원수는 전략적 예비대를 확보해 연합군이 상륙하면 이를 타격해야 한다고 주장했지만, 기동전으로 명성을 떨친 로멜이 오히려 해안선에 대한 전술적인 선방어를 주장했다. 이는 당시 독일군이 처한 난처한 상황을 이해할 수 있게 해준다. 로멜은 독일이 제공권을 상실했기에 전략예비대를 기동해 대비하는 것이 어렵다고 주장했다. 그러면서 전쟁의 승패는 해안에서 결정될 것이며, 그것은 가장 긴 하루가 될 것으로 보았다. 히틀러는 로멜의 주장대로 무려 4,000킬로미터 이상 되는 대서양 방벽으로 방어 준비를 했다. 각종 진지를 콘크리트화하고 지뢰나 수중 장애물 등으로 요새화했다.

연합군은 상륙작전일을 6월 6일로 결정했다. 상륙작전일을 결정하는 중에 강풍과 파도라는 악천후로 어려움을 겪었으나, 이런 악천후는 독일군을 방심하게 만들어 연합군 작전을 성공하는 데 도움이 됐다. 연합군 상륙작전 기도를 눈치채고 있었던 독일군은 경계심을 갖고 있었으나 디데이 전후의 악천후 날씨로 방심했다. 심지어 로멜 원수조차 아내의 생일 축하를 위해 며칠간 독일로 귀가한 상태였다. 이처럼 독일군이 작전에 실패한 것은 상륙작전 지역을 오판함으로써 노르망디 지역으로 방어 병력을 집중할 수 없었고, 제공권이나 제해권을 보유하지 못했으며, 연합군의 상륙작전 지역에 대응할 수 있는 전략적인 예비대를 보유하지 못했기 때문이다.

노르망디 상륙작전은 5개 지역에 걸쳐 단행되었고 결과는 성공적이었다. 로멜이 주장한 해안의 선방어 작전은 실패로 끝났다. 그러나 상륙작전 간에 오마하해안에서는 썰물 기간에 상륙작전이 이뤄지면서 독일군의 격렬한 저항에 부딪혀 엄청난 인명 피해를 보았다. 영화 〈라이언 일병 구하기〉에 이런 과정이 잘 나온다. 그러나 기타 지역은 비교적 가벼운 저항과 피해를 보며 성공적으로 상륙작전이 이뤄졌다.

한 예로 영화 〈밴드 오브 브라더스(Band of Brothers)〉에서는 유타해변의 후방에 공수 사단이 후방의 독일군 포진지를 원활히 차단하는 활약상을 잘 보여준다. 연합군은 상륙작전을 성공적으로 마친 후 상륙부대의 주력이 점령해 계속해서 작전을 펼칠 수 있는 공간, 즉 교두보를 확장하는 작전을 추진해나갔다. 상륙작전의 성공 후 3일이 지나면서 처칠의 구상으로 탄생한 조립식 인조 부두인 멀베리(Mulberry)가 가설되면서 연합군의 보급품 양륙에 결정적인 공헌을 했다.

독일군은 연합군의 기습에 효과적으로 대응하지 못했다. 연합군의 작전 기도를 제대로 파악하지 못한 상태에서, 룬트슈테트 사령관과 B집단군사령관 로멜 장군과의 지휘권 마찰을 포함해, 프랑스 레지스탕스 대원들의 후방 교란 등으로 12시간이 지나서야 반격에 나설 수 있었다.

이후 연합군이 셰르부르나 캉을 점령하는 과정에서 독일군의 저항으로 지연됐다. 셰르부르는 6월 30일에 미군이 점령했으나 캉은 7월 11일 영국 공군의 대규모 폭격으로 제압했고, 7월 18일에 이르러서야 노르망디 지역을 완전히 장악할 수 있었다. 최초 상륙작전의 성공 이후 노르망디 지역을 석권하는 과정에서 독일군의 완강한 저항에 부딪혀 무려 12만 명의 사상자를 내는 피해를 보았다.

히틀러는 방어 작전의 실패 이후 더욱 독단적으로 전장에 개입했다. 셰르부르항을 점령당한 후 룬트슈테트와 로멜은 연합군을 저지하기 위해서 센강 선으로 철수할 것을 히틀러에게 건의했다. 히틀러는 이 건의를 무시하고 룬트슈테트를 해임했다. 그리고 7월 17일에는 로멜도 공중폭격으로 상처를 입고 본국으로 복귀했다. 이 와중에 7월 20일에는 히틀러 암살 미수 사건이 발생했다. 히틀러는 측근을 불신하기 시작했고 작전 지휘를 더욱 독단적으로 했다.

연합군은 프랑스 내륙으로 돌파해 파리 해방 작전을 계

속했다. 패튼이 선봉장이 되어 7월 말에는 프랑스 북서부 그 랑빌과 아브랑슈를 점령하면서 센강과 파리 방면으로 진출할 길을 열었다. 아이젠하워 장군은 패튼 장군을 계속 동진하도록 해 센강 서쪽 지역을 조기에 확보하도록 했다. 패튼은 돌풍 같은 기세로 160킬로미터 남동쪽에 있는 르망을 점령했다. 이런 상황에서 히틀러는 센강 선에서 방어해야 한다는 의견을 낸 클루게(Günther von Kluge)를 묵살했다. 그러고는 8월 7일 오히려 에버바흐(Heinrich Eberbach) 장군에게 특수 기갑군을 지휘해 연합군을 공격하도록 명령했으나 모르탱(Mortain)에서 연합군에게 격퇴된다.

패튼이 동남진하면서 우회했던 후방의 독일군은 팔레즈-아르장탕(Falaise-Argentan)에서 연합군에게 포위되어 5만 명이 포로가 되고 1만 명의 사상자를 내었다. 결국 독일군은 센강 방어를 포기하고 독일과 프랑스의 국경선까지 후퇴했다. 오버로드 작전은 8월 25일 파리를 해방함으로써 완성됐다. 최초 목표보다도 10일이나 당겨진 성과였다.

서부 방벽으로의 진군

　오버로드 작전 이후 연합군은 최초 센강 선에서 3개월가량 정비를 한 후 독일 쪽으로 공격을 고려했었다. 그러나 오버로드 작전 성과가 컸고 이에 따라 독일군이 많이 약화되었다. 1944년 8월 25일 남프랑스해안의 안빌 상륙작전이 파리 점령과 동시에 이뤄지면서 계속해서 동쪽으로 공격할 수 있는 좋은 여건이 형성됐다.

　그래서 8월 26일 연합군은 독일군 최후의 보루라고 할 수 있는 서부 방벽 지크프리트 라인(Siegfried Line)으로 공세를 펼치기 시작했다. 서쪽으로부터 동쪽으로 캐나다·영국, 그리고 미국의 2개 군이 독일과 국경선인 북쪽과 동쪽으로 진군했다.

독일군은 네덜란드 국경인 안트베르펜부터 룩셈부르크, 베르됭 그리고 스위스 국경에 이르는 서부 방벽을 최후의 보루로 마지막 희망을 걸었다. 이 방벽은 길이가 63킬로미터, 종심이 무려 4~5킬로미터에 이르며 1만 8,000개의 콘크리트와 대전차방어 장애물로 구축되어 있었다. 히틀러는 룬트슈테트를 다시 최고사령관으로 임명했다.

반면에 연합군이 서부 방벽으로 진군하는 과정에서 가장 큰 어려움은 보급 작전이었다. 연합군의 신속한 진군을 지원하기 위해서 보급 물량을 적시 적소에 수송해주는 것이었다. 당시 연합군은 수송 트럭에 붉은색 불을 켜고 운전병을 교대하면서 일일 20시간씩 일방통행으로 강행군을 벌였다. 붉은 불을 켜고 실시한 특급 수송 작전은 '레드 볼 익스프레스(Red Ball Express)'라고 불렀다.

연합군은 보급 문제를 해결하기 위해 제2차 세계대전 중 최대 규모의 공수작전인 마켓 가든(Market Garden) 작전을 9월 17일 전개했다. 이 작전은 독일군의 서부 방벽을 북방으로 우회해 안트베르펜항을 조기 개방해 보급 문제를 해결하고, 라인강 대안의 교두보를 확보하는 것이었다. 그러나 아른험 지역에 투하하기로 했던 영국군 제1사단은 악천후로 목표와 상당히 떨어진 곳에 투입됐다. 따라서 독일 기갑 군단에 궤멸당하는 피해를 보며 아른험 점령 작전에 실패했다. 영화 〈머나먼 다리〉에서는 연합군 지휘부의 잘못된 작전 판단으로 수많은 군인이 목숨을 잃고 생사의 지옥에서 겪는 어려움을 생생하게 보여주고 있다.

　연합군은 서부 방벽으로 독일군을 추격하는 작전이 교착상태에 빠지며 10월 6일부터 스헬데강 하구의 소탕 작전을 한 달 이상 벌인다. 이후 11월 말이 되어서야 안트베르펜항을 개항하고 보급 작전을 원활히 할 수 있었다. 연합군은 12월 중순 독일을 향해 대공세를 계획하고 있었다.

독일의 아르덴 반격(벌지 전투)

연합군이 독일로 진격을 준비하고 있을 때인 12월 16일 독일군이 갑자기 아르덴 방면으로 공격해왔다. 독일군 최후의 대반격이었다. 독일군의 공격으로 주머니(bulge)처럼 전선이 일부 돌출되면서 미군이 벌지 전투라고 불렀다.

당시 독일은 동부전선은 비스툴라강에서 소강상태를 유지했고, 이탈리아 방면에서도 교착 상황을 보였다. 히틀러는 전세를 역전시키기 위해 아르덴을 침공 지역으로 선정했다. 이유는 좌우 전선에서 방호를 받을 수 있고, 기갑부대의 기동이 가능하며, 삼림 지역은 그나마 연합군이 장악한 제공권으로부터 피해를 최소화할 수 있기 때문이었다.

독일군의 기습 공격은 그들의 의도대로 진행되지 못했다. 독일군은 아이젠보른(Eisenborn)을 주공 방향으로 해 기습 공격을 개시했으나 미 제5군단의 강력한 저항으로 리에주 쪽으로 진격이 좌절되며 공격 방향을 조정했다. 그리고 독일군은 교통의 요지인 생비트와 바스토뉴에서 연합군의 격렬한 저항에 부딪힌다. 생비트에서의 지체로 독일군이 의도했던 작전 목표에 차질을 빚었다.

12월 23일부터 날씨가 좋아지면서 연합군의 항공기가 독일군을 제압할 수 있었다. 12월 26일에는 패튼 장군의 구원부대가 바스토뉴에서 저항하던 제101 공수 사단과 연결 작전에 성공하면서 이들을 구출했다.

룬트슈테트는 히틀러에게 철수를 건의했으나 역시 무시당했다. 히틀러는 최초 기습 공격으로 진출한 돌출부를 유지하기 위해 바스토뉴의 탈환에 혈안이 됐다. 패튼 장군의 제3군은 독일군의 수십 번에 걸친 공격을 격퇴하고 바스토뉴를 지키면서 미군의 명성을 떨쳤다. 독일군의 돌출부가 완전히 제거됐고 히틀러는 독일군의 전면 철수를 지시한다.

더구나 1월 12일 동부전선에서 소련군이 동계 공세를 하자 독일군은 일부 기갑부대를 동부로 전환했고, 이는 독일군의 방어 진용을 완전히 붕괴시키는 조치가 됐다. 전투는 1월 27일 공식적으로 종료됐다.

독일의 아르덴 침공은 사실상 도박에 가까운 시도였다. 왜냐하면 연합군보다 독일군은 객관적인 전력과 공격작전을 지원할 수 있는 군수 보급 능력에서 절대적으로 열세였고, 더구나 제공권을 확보하지 못했기 때문이다. 아르덴 침공 작전으로 독일군은 그나마 보유했던 가용한 예비대를 완전히 소모했다. 다만 이 전투를 통해 연합군의 공격을 6주가량 연기시켰다는 점이 그나마 성과였다.

태평양 전선에서 전세 전환

1942년 6월 미드웨이 해전과 1943년 2월 과달카날 전역에서 미군이 승리하면서 이후 태평양 전선의 향배가 바뀌었다. 과달카날 전투로 일본이 태평양 남쪽으로 진격하는 것을 막을 수 있었고, 미국은 반격을 위한 거점을 확보할 수 있었다. 아울러 미국의 산업 능력은 본격적으로 가동되기 시작하면서 전투 장비나 조종사 등을 확보하는 면에서 일본을 훨씬 능가했다. 일본은 미국과 벌인 전쟁에서 열세로 전환되었다.

우선 잠수함 전에서 연합군은 일본군보다 효과적인 작전으로 전황을 유리하게 이끌어갔다. 연합군은 태평양전쟁에서 잠수함을 활용해 공세적인 작전을 펼쳐나갔다. 진주만 기습 이후 루스벨트 대통령은 무제한 잠수함 작전을 전개했다. 미국과 네덜란드의 잠수함 전력은 일본의 수송 병력이나 화물선, 석유 수송선을 격침함으로써 일본군의 전쟁 지속 능력을 악화시켰다.

이에 따라서 1945년 초 종전이 임박했을 때에는 일본군은 석유 보급이 되지 않아 전함이 출격할 수 없을 정도였다. 일본군도 잠수함 전력을 많이 갖고 있었으나 연합군처럼 공격적으로 운용하지 않았다. 일본군은 태평양전쟁에서 제해권을 잡기 위해서 전함 간의 전투에 주안을 두었고, 주로 미국의 군함을 공격하거나, 장거리 정찰에 활용했다. 일본은 소련과 중립조약을 준수해 미국의 샌프란시스코에서 블라디보스토크로 수송하는 군 보급품을 공격하지는 않았다.

1943년부터 일본군의 전력은 점차 약화된 반면, 미군은 서서히 태평양 지역에서 탈환 작전을 전개하기 시작했다. 미군의 작전은 일본이 장악하고 있는 섬 한 개를 점령한 다음 이웃 섬으로 건너뛰는 식으로 이뤄졌다. 항공모함에서 발진한 공군이 적의 기지를 파괴한 후, 공수부대를 투입하고, 상륙작전을 펼쳐 점령하는 방식이었다.

맥아더 장군은 뉴기니 북쪽 해안으로부터 필리핀 쪽으로 공격했다. 동시에 니미츠 제독이 지휘하는 미 해군은 하와이로부터 길버트군도, 마셜군도, 그리고 마리아나군도, 팔라우제도로 진격하면서 일본군을 격멸해나갔다. 태평양 남쪽의 길버트군도는 1943년 11월에 확보했고, 1944년 2월에는 마셜군도를 장악했다. 그리고 1944년 6월에는 마리아나제도까지 미군이 진출하면서 필리핀의 동 측방과 일본의 턱밑까지 진출했다.

마리아나제도의 비행장에서 미군은 B-29 폭격기를 이용해 일본 본토를 폭격했다. 1944년 4월부터 11월에 걸쳐 일본은 사이판과 팔라우제도를 지키기 위해서 9척의 항공모함과 5만 명의 수비대를 파견해 치열한 전투를 벌였다. 그러나 해전이나 지상전에서 제공권과 해상권을 상실하면서 일본의 수비대는 거의 전멸당했다. 결국 일본은 사이판을 뺏겼고, 작전을 직접 지휘했던 내각 총리대신 도조 히데키는 사임했다.

1944년 9월경 미국은 필리핀과 일본을 공격하기 위한 준비에 박차를 가한다. 맥아더 장군과 니미츠 제독은 레이테섬 상륙작전을 계획한다.

그리고 10월 말 미국과 오스트레일리아 연합 해군과 일본 해군 사이에 필리핀 동쪽 레이테섬·사마르섬·루손섬 일대에서 제2차 필리핀 해전을 벌였다.

일본은 해군 전력을 모두 동원해 방어에 나섰으나 연합 해군에 격퇴된다. 미 해군은 6척의 수상 전투함을 손실했지만, 일본군은 26척의 수상 전투함을 잃었다. 일본은 방어에 실패했을 뿐만 아니라 상당한 전력을 손실함으로써 이후 전선에서도 어려움을 겪는다. 일본은 레이테섬을 지키기 위해 1944년 말까지 끈질긴 저항을 벌였다.

1944년 레이테만 전투로 일본 해군 전력 대부분을 상실했고 패망하기 전까지 미 해군과 실질적인 교전을 벌일 수 없었다. 사실상 자살 공격인 덴고쿠(천국) 작전만이 유일한 교전이었다. 이때 일본군은 가미카제(神風)라는 전술을 사용했는데, 폭탄을 탑재한 비행기를 몰고 미군 항공모함이나 철갑이 장비되지 않은 함선에 들이받아 자폭하는 것이었다. 이 때문에 33척의 연합군 선박이 파괴됐다고 한다.

일본의 지상군은 필리핀을 계속 방어하려고 했다. 필리핀에는 야마시타 도모 유키 장군이 25만 명의 병력으로 작전을 지휘하고 있었다. 1944년 말 미군은 모든 레이테 지역을 확보했고, 1945년 1월에는 루손 지역으로 진출했다. 루손에서 일본군은 강력한 저항을 벌였으나 5월에는 필리핀을 미군에게 완전히 내어줄 수밖에 없었다.

연합군은 일본의 본토를 점령하기 위한 전투에 들어갔다. 첫 번째로 1945년 2월부터 3월까지 도쿄 남쪽 1,000킬로미터 떨어진 오가사와라제도의 이오시마 상륙작전을 했다. 이후 4월부터 6월까지 일본 본토를 점령하기 위한 공군의 전진기지인 오키나와섬을 확보하기 위해 상륙작전을 전개했다. 먼저 이오시마 지역은 미군이 마리아나제도에서 일본 본토로 공군 폭격기로 공격하는 과정에서 일본군이 미군 비행장을 공격해 큰 피해를 보았다. 미군에게는 이오시마를 점령해 전진 항공기지로 삼아야만 했다.

일본군은 미군에게 패했고, 대본영은 1945년 3월 21일 이오시마에서 일본군이 옥쇄(玉碎)했다고 발표했다. 이후 일본군 사령관 구리바야시 다다미치 대장은 300명의 병력으로 미군에게 마지막 돌격을 시도했으나 전멸했다. 이오시마 전투에서 2만 933명의 일본군 수비대 중에서 2만 129명이 전사했다고 한다. 그리고 미군도 많은 전상자를 내면서 큰 피해를 당했다.

일본의 영토 내에서 벌어진 두 번째 전투인 오키나와 전투는 이오시마 전투보다도 더 치열했고 일본인 전원이 옥쇄하는 비극으로 끝났다. 1945년 4월부터 6월까지 83일에 걸쳐 치러졌다.

미군은 일본 영토 내로 진출하기 위해서 규슈 지역을 폭격할 수 있는 오키나와섬을 선정했다. 4월 1일 미군은 순조롭게 상륙했으나 남쪽에 있는 일본군 주력은 동굴을 이용해 미군에게 격렬히 저항했다. 미군은 일본군의 동굴 진지를 일일이 제거하는 데 많은 시간이 걸릴 수밖에 없었다.

결국 오키나와 지역 일본군 사령관인 우시지마 미쓰루 중
장이 1945년 6월 23일 할복자살을 하면서 전투는 종결됐다.
오키나와섬에 있던 주민 12만 명은 수류탄으로 자결했다. 미
군도 4~5만 명이 전사하는 큰 피해를 보았다. 그러나 오키
나와를 점령하면서 일본 규슈 지역 등을 폭격할 수 있었고
일본의 패망은 이제 목전에 다다랐다.

제8장

1945년 추축국의 붕괴, 연합국의 승리

소련군의 아우슈비츠 수용소 해방과 홀로코스트

　히틀러와 나치당은 제2차 세계대전 동안 계획적으로 유대인·슬라브족·집시·동성애자 등 약 1,100만 명의 민간인과 전쟁 포로를 학살했다고 한다. 사망자 중에서 유대인이 600만여 명을 차지해 당시 유럽에 거주하던 유대인 900만 명 중 약 3분의 2가 홀로코스트(Holocaust)의 희생자가 됐다. 제2차 세계대전 기간 히틀러와 나치에 의해 독일제국과 점령 지역 내의 유대인·슬라브족·집시·동성애자·장애인·정치범 등이 집단으로 학살당한 사건을 홀로코스트라고 한다. 이들은 독일을 비롯한 유럽 각지에서 약 4만여 개의 시설에 집단 수용되어 조직적으로 학살당했다.

독일 사회에서 반유대주의는 역사적으로 중세 시대부터 비롯된다고 한다. 19세기 후반 민족주의 출현으로 독일에서는 의학적·생물학적인 인종 차별주의가 발전해 아리안족이 세계를 지배하기 위해 반유대주의와 유대인을 없애야 할 인종으로 간주했다. 독일에서 의과학적인 인종차별주의가 만연하면서 1920년대 설립된 나치당은 반유대주의를 정강으로 채택했다. 이후 경제 대공황 속에서 인종적으로 가치 있는 사람은 구하고, 반대로 가치 없는 사람은 사회에서 없애버리는 분위기가 형성됐다. 독일은 이런 집단 학살을 위한 준비를 단계적으로 진행했다.

히틀러는 『나의 투쟁』이란 책에서 유대인을 사회에서 배제해야 한다고 주장했다. 그리고 주변 사람에게 유대인을 몰살시킬 것이라고 호언했다고 한다.

나치는 이상적인 민족 공동체를 꿈꿨다. 그리고 이것에 방해되는 세 종류의 적을 제시했다. 먼저 인종적인 적으로 유대인과 집시를, 다음으로 정치적인 적으로 마르크스주의자, 진보주의자, 기독교 신자 등을, 셋째로 도덕적인 적으로 동성애자, 일하기 싫어하는 사람, 그리고 상습범 등이었다. 첫 번째 적은 철저하게 사회로부터 배제되어야 했다. 두세 번째 적은 강제수용소로 보내졌고, 도덕적인 적으로 간주된 사람 중 유전적으로 저능한 몇몇 사람은 불임 시술을 받았다. 1935년 뉘른베르크 법을 비롯해 이들을 사회에서 배척하는 각종 법령이 제2차 세계대전 전에 제정됐다. 뉘른베르크 법은 유대인과 아리안이 성적 관계나 결혼하는 것을 금지했고, 이 법으로 인해 유대인은 시민권을 박탈당했다.

독일은 반유대주의를 통해 폭력을 정당화했다. 이미 1938년에서 1939년에 독일 유대인을 강제로 이주시켰다. 당시까지는 유대인을 죽이는 일은 없었다. 전쟁이 발발한 다음 해까지도 공식적인 학살을 하지는 않았다. 그러나 이주와 함께 실제로 유대인을 공격하고 유대인의 상점과 교회당을 파괴하는 일이 빈번하게 발생했다.

제3제국이 성립된 후 강제수용소가 설립되었으나 처음에는 살육을 위한 장소는 아니었다. 그러나 1939년 이후 많은 수용소는 유대인과 전쟁 포로를 처형하거나 강제 노역을 시키는 곳으로 변했다. 주로 동부 유럽 지역에 1만 5,000개의 수용소와 보조 수용소가 세워졌다.

나치는 폴란드 침공 이후 유대인의 공동체인 게토(ghetto)를 설립해서 외부 세계로부터 배제하려고 했다. 결국 이들은 학살 수용소로 보내지거나 기아와 질병으로 죽었다. 이런 분위기 속에서 유대인 대학살은 일부 지역에서는 자발적으로 발생했다.

아우슈비츠(Auschwitz) 집단 수용소는 1940년 중반 독일이 폴란드와 독일의 국경 부근에 있는 오시비엥침시 외곽에 건설됐다.

히틀러의 집단 수용소는 최초 1933년 독일 내에 세워졌고, 이곳에는 나치스에 반대하는 정치범이나 유대인을 감금했다. 아우슈비츠도 처음에는 같은 기능을 수행했다. 그러나 1942년 이후 제2차 세계대전이 한참 진행되는 과정에서 유대인의 대학살 장소로 탈바꿈했다.

오시비엥침에 집단 수용소가 건설되면서 그곳에 거주하던 사람들은 이주했다. 주민의 60퍼센트는 유대인이었는데 이들은 유대인 집단 거주 지역인 게토로 강제 이주했고, 나머지 폴란드인은 독일로 보내져 강제 노동에 투입됐다. 그 지역에 있던 구가옥은 철거되고 수용소 시설이 새로 건축됐다. 수용소는 독일군 정예 친위대 병력에 의해 경호되거나 경비됐다.

아우슈비츠 수용소가 있는 오시비엥침시는 교통의 요충지에서 수용소 규모는 더욱 확대됐다. 1944년 가장 많은 인원이 수용되었을 때에는 3개의 수용소가 있었다. 아우슈비츠 제1수용소는 기존의 폴란드 군대 막사를 활용해 최대 1만 2,000 내지는 2만 명을 수용했다. 제2수용소 비르케나우(Birkenau)는 1941년 가을에 제1수용소로부터 3킬로미터 떨어진 마을에 세워졌고, 최대 약 9만 명을 수용했다. 이 비르케나우 수용소의 가스실에서 유대인이 학살됐다. 이 수용소는 나치스가 유럽에서 운용한 최대 규모의 유대인 학살 장소였다. 그리고 제3수용소 모노비츠(Monowitz)에는 최대 약 1만 1,000명이 수용되면서 보조 수용소로 사용됐다.

1940년 6월 14일 728명의 정치범이 아우슈비츠에 수용되면서 집단 수용소의 기능을 했다. 그리고 1941년 9월 소련군 포로와 유대인 수용자들이 처음으로 독가스실에서 학살됐다. 독가스실에서는 한 번에 약 2,000여 명을 학살할 수 있었다고 한다.

1944년 말 소련군이 아우슈비츠 수용소 근처 60킬로미터에 있는 크라쿠프시를 점령하자, 독일군은 1945년 1월에는 걸을 수 있는 수감자를 독일 내로 이동시켰다. 소련군이 수용소까지 진격했을 때 독일군은 그동안 수용소에서 자행한 범죄의 흔적을 없애려고 했다. 관련된 문서와 비르케나우에 있는 가스실과 화장장은 해체·소각·폭파됐다. 전쟁 후반부에 독일군은 자신이 행한 일을 은폐하기 위해 죽음의 행군을 시도했다. 폴란드 동쪽에 있던 수용소를 폐쇄하고 수감자를 서쪽으로 이동시켰다. 가스실은 해체하고 화장터를 폭파하고 집단 매장지를 뒤엎고 시체를 화장했다. 그리고 그 자리에 파종해 아무 일도 없었던 것처럼 했다.

1945년 1월 27일 소련군이 아우슈비츠 집단 수용소를 해방했을 때는 단 7,000명의 수용자만이 생존했다. 아우슈비츠 수용소로 이송된 사람에 대한 통계는 정확하지 않다. 여기에 대해서는 다양한 주장이 있다. 처음 이 수용소를 해방한 옛 소련군의 자료에는 약 400만 명이 학살되었는데, 이 가운데 250만 명이 유대인이라고 했다. 그러나 최근 자료에 따르면 최소 약 130만 명이 아우슈비츠 수용소에 수용되었고, 이 중 약 110만 명이 희생됐다고 한다. 희생자 중에서 유대인이 100만 명, 폴란드인이 7만 5,000명, 집시, 소련군 전쟁 포로, 기타 유럽인이 있었던 것으로 추산된다. 이들은 기아·강제 노동·가혹 행위·사형·질병·전염병·형벌과 고문·생체실험 등으로 사망했다. 2005년 아우슈비츠 해방 60주년 행사를 알리는 기사에서 유대인 희생자 수는 100만 명으로 보도됐다. 1947년 아우슈비츠 수용소에는 희생자 박물관이 세워졌고, 1979년에는 유네스코에 의해 세계유산으로 지정됐다.

아우슈비츠 수용소 외에도 약 6개의 집단 학살 수용소가 있었다. 히틀러는 유대인을 포함해 공산주의자나 나치스가 규정한 우생학적 불합격자, 나치에 반대하는 타 민족을 유폐하거나 노동 착취를 하면서 학살했다.

나치즘은 공산주의자·유대인 그리고 민주주의를 증오하면서 독일 민족의 우월성을 핵심으로 하는 이데올로기를 신앙적으로 추앙하는 것이었다. 이들은 혈통의 순수성을 유지해야 한다는 명목과 독일 게르만 민족의 생존권을 확보한다는 목표를 기치로 집단 학살을 자행했다. 제2차 세계대전을 통해서 나치 독일은 탐욕과 미친 이념으로 무장하고 자신들과 같은 인류에게 엄청난 만행을 저질렀다.

이탈리아 함락과
무솔리니의 총살

연합군은 1944년 6월 노르망디 상륙작전에 성공하기 이틀 전에 로마를 점령했다. 노르망디 상륙작전의 성공과 맞물려 로마 점령은 주목받지 못했다. 클라크 장군에 의한 로마 점령은 독일군에게 후퇴할 기회를 주었다는 비판을 받았다.

로마를 점령하기 전 미군의 전략은 안치오 교두보에 고립된 병력을 구출하고 구스타프 라인을 우회해 독일군을 포위해서 섬멸하는 것이었다. 그러나 클라크 장군은 포위하지 않고 곧바로 로마를 점령함으로써 독일군 주력이 오히려 북쪽으로 탈출했다는 비난에 직면했다.

노르망디 작전의 성공으로 연합군은 동부와 서부전선을

통해 독일로 신속하게 진격하는 것이 효과적이라고 판단했다. 이로 인해 이탈리아 전선에서 연합군 병력이 차출되면서 독일군과 전력이 상대적으로 대등해졌다. 오직 포병이나 항공 공격만을 하면서 이탈리아 전선에서 진출이 지체되었고 1944년 말까지 소강상태가 이어진다.

독일은 이탈리아 전선에 20개 사단의 병력을 투입해 연합군을 저지했다. 연합군은 독일군 20개 사단을 이탈리아 전선에 묶어두기 위해서 지지부진하지만 계속 공격했고, 이로 인해 많은 희생을 감수했다. 신속하지는 않았으나 연합군은 조금씩 진출했고 독일군 최후 방어선인 고딕 라인까지 진출했다.

1945년 연합군의 춘계 공세가 시작되면서 독일군의 저항력은 붕괴됐다. 독일군은 고딕 라인도 연합군에 돌파당하며 이탈리아를 내준다. 이 시기에 살로 공화국은 붕괴되었고 무솔리니는 도주 중 체포당한다. 1945년 4월 29일 이탈리아 전선의 제10군 사령관 피팅호프(Heinrich von Vietinghoff) 장군은 퇴로마저 차단된 상태에서 연합군에 항복했다.

1945년 4월에 들어서면서 추축국에 패전의 그림자가 짙게 드리워지면서 무솔리니는 이탈리아를 탈출해 스위스를 거쳐 스페인으로 망명하고자 했다. 그러나 이탈리아의 파르티잔 부대 때문에 4월 27일 연인인 페타치(Clara Petacci)와 함께 체포됐다. 무솔리니는 탈출을 위해 독일군 복장을 했었다. 그는 이튿날 재판을 받고 처형됐다. 히틀러가 자살하기 3일 전이었다. 무솔리니의 시체는 이틀 후 밀라노로 보내졌다. 수많은 군중에게 차이고 짓밟힌 후 그의 애인 페타치와 함께 주유소 지붕에 거꾸로 매달려졌다. 무솔리니를 추종하던 파시스트도 그곳으로 끌려와 처형당했다.

독일의 패망과 히틀러의 자살

1945년 1월 아르덴의 돌출부를 제거한 연합군은 독일로의 진군을 위해 재편성하고 2월 8일 라인강으로 총진격을 했다. 라인란트 작전은 라인강을 건넌 후 루르 지역을 포위하는 것이었다. 연합군의 라인강 방면 진출은 원활하게 이뤄졌다. 독일군은 연합군의 진출을 막으려고 라인강의 로어 댐을 폭파하며 격렬히 저항했으나, 3월 7일 라인강 중부 레마겐에서 루덴도르프 철교를 내주고 라인강 동안의 교두보까지 빼앗겼다. 독일군은 루덴도르프 철교를 장거리포로 폭파하며 연합군의 진격을 지연시키려 했으나, 연합군에게 라인강 라인까지 빼앗긴 것이다. 이에 히틀러는 대로했고 사령관 룬트슈테트를 해임하고 이탈리아 전선에서 선전하던 케셀링 원수를 임명했다.

라인강 선을 신속하게 확보한 연합군은 주공을 라인강 하류로 도하하면서 루르 지방에 대한 포위전을 가시화했다. 4월 1일 루르 지방의 남과 북에서 연합군은 하겐 지역을 중심으로 1만 제곱킬로미터의 거대한 포위망을 형성했다. 4월 18일 남북에서 가해진 소탕전이 마무리되면서 생포된 독일군만 무려 32만 명이 넘었다. 독일군의 모델(Walter Model) 원수는 권총으로 자살했다.

포위망 속에서 소탕전이 이뤄지면서 연합군 주력부대는 계속 동진해 라이프치히와 드레스덴 방면을 점령함으로써 독일군을 남북으로 분단시켰다. 독일군의 조직적인 저항은 거의 없어졌다. 이때 연합군의 진출 속도는 매우 빨라서 하루 약 40~50킬로미터를 넘나들었다. 4월 18일 연합군은 엘베강 선에 도달했다.

연합군은 무조건 항복을 요구했으나 히틀러는 받아들이지 않고 최후의 발악을 계속했다. 아이젠하워 장군은 엘베강에 도달한 후 곧바로 베를린으로 진격하지 않고 티롤 지방으로 진격했다. 남쪽에서 작전을 펼치던 패튼 장군은 체코와 오스트리아로 진출했다.

동부전선의 소련군은 4월 16일부터 서쪽으로 총공세를

개시했다. 게오르기 주코프 장군과 이반 코네프 장군은 4월 24일 베를린을 완전히 포위하고 10일간의 소탕 작전을 했다. 그리고 5월 2일에는 독일군 수비대가 항복했다. 히틀러의 후임자로 지명된 되니츠 제독은 5월 7일 요들(Alfred Jodl) 장군을 파견해 랭스에 있는 아이젠하워 사령부에서 무조건 항복문서에 서명했다.

유럽에서 벌어진 5년 8개월간의 전쟁은 대단원의 막을 내렸다. 연합국은 이튿날인 5월 8일을 전승 기념일로 정하며 축제 분위기에 빠졌다. 히틀러는 베를린을 포위한 연합군이 소탕 작전을 벌이던 4월 30일 자살했다. 그 전날 결혼한 에바 브라운(Eva Braun)은 죽음을 같이했다. 히틀러 시신은 죽은 후 부하들에게 알아보지 못하도록 화장되었으나 소련군이 이를 확인하고 수습했다.

일본의 원자탄 피폭과 항복

오키나와를 확보한 미군은 일본 본토에 대한 공중폭격을 강화했다. 이런 공중 공격은 1944년 말부터 시작되었고, 특히 1945년 4월에서 8월 사이에 집중됐다. 과거에는 항공모함에서 발진한 항공기를 이용해 대부분 폭격했으나, 오키나와를 확보한 미군은 육군 소속의 공군 부대 폭격기로 폭격했다. 오키나와에서 공격은 주로 나가사키 지역에 집중해 항만이나 비행기 생산 시설을 파괴했다. 추가로 중국이나 마리아나군도에서 발진한 폭격기도 폭격에 가담했다. 미군의 일본에 대한 폭격 지역은 일본인이 많이 거주하는 60~70여 개 도시에 집중되었다. 사실상 도쿄와 오사카 같은 주요 도시는 거의 황폐화됐다.

미군의 폭격은 8월 원자폭탄 투하로 이어지면서 전쟁은 종식됐다. 미군은 8월 6일 히로시마에 원자폭탄 리틀 보이 (Little boy)를, 그리고 8월 9일 나가사키에 원자폭탄 팻맨(Fat man)을 각각 투하했다. 인류가 발명한 최고로 강력한 무기인 원자폭탄이 일본의 일반 시민을 대량 학살하는 데 사용됐다. 물론 히로시마는 당시 일본군의 제2군사령부가 위치해 중요한 작전목표이기도 했다. 원자탄이 투하되면서 피폭으로, 섬 광화상으로 그리고 질병과 부상으로 엄청난 사상자를 냈다. 두 도시에서만 12만 내지는 25만 명이 사망했다고 한다. 대부분은 민간인이었다. 그중에는 일본에 강제 징용되어서 노동력을 착취당했던 재일 한국인도 포함됐다.

미군은 이후 세 차례에 걸쳐 원자폭탄을 추가로 투하할 계획을 하고 있었다. 8월 17일이나 18일 뒤에 기상 조건을 보고 투하할 계획이었다. 그러나 이 계획은 실현되지 않았다. 일본은 8월 14일 연합국에 항복을 통보하고 8월 15일 일본의 쇼와 국왕이 연합군에 무조건 항복을 선언했다. 그리고 9월 2일 일본의 도쿄만 요코하마에 정박 중이던 미국 전함 미주리호 선상에서 일본 대표 시게미쓰 마모루 외무상이 항복문서에 서명하면서 태평양전쟁과 제2차 세계대전은 완전한 종전을 맞았다.

일본은 연합국 최고 사령부에 의한 점령 통치를 받으면서 1868년 1월 3일 메이지 유신 때문에 성립된 일본 제국주의 국가는 붕괴됐다. 그리고 일본 제국에서 일본 헌법과 미·일 안보 조약에 근거한 일본으로 바뀌었다.

연합군의 한반도 진주

태평양전쟁이 종전으로 치닫는 상황에서 소련군은 8월 9일 일본의 괴뢰정부인 만주국을 침공했다. 대한민국 임시정부에서도 9월에 일본을 공격할 예정이었다. 그러나 원자폭탄 투하로 일본이 조기에 항복하면서 정식 참전국 자격을 얻지 못했다.

미군과 소련군이 1945년 8월에 한반도에 진출했다. 먼저 소련군은 8월 11일과 12일에 웅기군과 나진시를 점령했고, 이어서 청진시에서 일본과 전투를 벌였다. 8월 15일 조선총독부는 소련이 서울에 오는 것을 두려워해서 여운형에게 치안이나 연정 등을 맡겼다. 여운형은 곧바로 행정권을 인수하기 위해서 건군 준비 위원회를 조직했으나 소련 공산당에게 해산당했고, 9월 6일 인민 대표자 대회가 열리며 조선인민공화국이 선포됐다. 8월 26일 평양 비행장으로 소련군 사령관 치스차코프(Ivan Chistyakov)가 도착하면서 이후 5개월가량 소련군은 북한 지역에서 약탈과 폭력 등의 비도덕적인 작태를 벌였다. 북한 지역에서 소련이 그러한 잔인무도한 행동을 해도 누구도 처벌할 수 없었다.

1945년 9월 2일 맥아더 유엔군 사령관은 일본의 항복문서에 서명하면서 점령 지역에 연합군이 나눠 진주한다고 발표했다. 한반도에는 미 육군 제24군단이 관할 부대로 정해졌다. 제24군단은 하지(John Reed Hodge) 육군 중장이 지휘했고 9월 8일 배편으로 인천에 상륙했다. 하지 중장은 남반부에서 군정을 펼칠 것을 선포했다. 그리고 조선총독부의 일본인 관리를 해임했으나 조선인 출신의 고관들을 행정 고문이라는 이름으로 통치에 이용했다. 미군은 소련군과 달리 점령군으로 행세하지 않고 일본군을 물리친 존재로서 홍보하고자 했다. 그리고 한국인을 미군정장관 고문으로 임명하면서 행정에 참여시켰다. 그리고 조선 인민공화국을 불법으로 규정하면서 대한민국 임시정부를 측면에서 지원했다.

이후 1947년 10월 미소 공동위원회가 결렬되면서 미국은 한국 문제를 유엔에 상정했다. 1948년 1월에 유엔의 한국 임시 위원단이 한반도를 방문했다. 미군정 당국은 유엔 임시위원단의 방문을 허용했으나 소련은 방문을 거부함으로써 남한 지역에서만 선거하자는 미국의 제안이 유엔에 받아들여졌다. 1945년 5월 10일 남한 지역에서만 유엔 감시하에 총선거가 시행되어 국회가 구성되었고, 8월 15일에는 대한민국 정부가 수립됐다.

제9장

제2차 세계대전의 여진,
교훈과 유산

새로운 탐욕과 이념이 낳은 비극

제1차 세계대전의 소용돌이로 잉태된 제2차 세계대전은 이전의 세계대전과 비교되지 않는 엄청난 인명과 재산의 손실을 초래하면서 인류 역사상 가장 참혹한 전쟁으로 기억된다. 1939년 9월 1일에 발발해 1945년 8월 15일까지 지속한 제2차 세계대전의 인명 손실에 대한 자료는 다양하게 남아 있다.

여러 자료를 보면 대략 사망자만 민간인을 포함해서 5,000만~7,000만 명 이상까지 다양하다. 여기에는 군인 전사자가 2,000~3,000만 명, 그리고 민간인 사망자는 3,000~4,000만 명으로 집계됐다. 이 밖에도 부상이나 피해를 고려한다면 그

규모는 어마어마할 것이다. 국가별로는 군인과 민간인을 포함하면 소련에서 2,200만 명 내외가, 중국에서 1,900만 명 내외에 이르며 가장 큰 피해를 본 것으로 기록되고 있다.

제2차 세계대전에서 결코 연합국은 선이고 추축국은 악이라고 할 수 없었다. 전쟁 기간에 추축국은 물론 연합국을 포함해 수많은 전쟁범죄가 공공연하게 자행됐다. 우선 추축국은 조직적인 학살을 자행했다. 독일에 의한 홀로코스트에는 유대인 600만 명을 포함해 롬족·동성애자·슬라브계 등을 대상으로 체계적으로 이뤄졌다.

일본은 중국을 점령하고 750만 명의 민간인을 살해했다. 이른바 난징 대학살에서만 수백만 명을, 삼광 작전에서도 270만 명을 학살했다고 한다. 심지어 난징 대학살에서는 일본군 장교 2명이 누가 먼저 100명을 목 베어 죽이는지 시합을 벌였고, 일본군이 하얼빈에 731부대를 설립해 중국인·조선인 등 1만여 명을 생체실험 대상으로 죽였다. 또한 중국이나 조선인 여성을 조직적으로 동원해 성 노예로 착취하는 등 반인류적인 행동을 벌이며 인간이 얼마만큼 잔인하고 참혹할 수 있는지를 보여주었다.

이런 학살이나 비인도적인 만행에 연합국도 예외가 아니었다. 소련이 베를린을 점령하고 나서 8~80세에 이르는 모든 독일인 여성에 대해서 벌인 대규모 조직적인 강간이나 살인, 그리고 소련이 폴란드를 침공하고 나서 2~3만 명을 살해하고 암매장한 카틴숲 학살, 미국 정부에 의한 일본계 미국인 수용소 운영 등은 연합국에 의해 자행된 전쟁범죄였다. 또한 전쟁 기간 강제 수용소에서 벌어진 강제 노동을 비롯한 인권 유린이 비일비재했다. 그리고 전쟁 기간에 필연적으로 뒤따를 수밖에 없는 연합군이나 추축국의 공군 전략 폭격으로 많은 민간인이 사망한 것은 사상자 현황에서도 확인됐다. 이처럼 제2차 세계대전은 사망자 숫자로만 볼 때도 제1차 세계대전에서 인명 피해가 1,000~2,000만 명에 비해 최소 4배 이상 되는 인류 최대의 비극이다.

제2차 세계대전은 인간이 얼마나 잔인할 수 있는지를 보여준 전쟁이었다. 국제정치는 국가 간의 무정부성을 기본으로 하는데, 제1차 세계대전 이후에 해결되지 않은 복잡한 문제가 제2차 세계대전을 일으킨 기본적인 원인이 된 것은 분명해 보인다. 여기에 1930년대 대공황에 처한 국가는 이 문제를 더욱 복잡하게 만들었다. 이를 해결하고자 각 국가는 다양한 이념을 선택했다. 제1차 세계대전의 원인이었던 팽창적 제국주의·파시즘·민족주의·인종차별주의·반공주의 등 다양한 이념이 태동했다.

이런 이념은 인간을 그 아래로 보게 하는 모순을 초래했다. 이념을 달성하기 위해 인간을 목적으로 생각하지 않고 수단으로 바라보았다. 이념 그 자체에는 광기가 없다고 하겠지만 이념을 가진 인간은 미칠 수 있음을 보여주었다.

그것이 제2차 세계대전에서는 비극을 초래했다. 다행스럽게도 민주주의가 전체주의에 승리함으로써 인류가 더욱더 나은 이데올로기로 진화할 수 있게 된 것이 그나마 위안이라고 하겠다. 그러나 그 과정에서 또 다른 전체주의인 공산주의와 연합했다는 역사적 모순 또한 부정할 수 없을 것이다.

제국주의의 소멸

현재 지구상에서 제국주의가 완전히 사라졌는지에 대해서는 이견이 있을 수 있으나, 제1차 세계대전 직전까지 전성기를 이뤘던 제국주의는 분명히 소멸했다. 제1차 세계대전 이전에는 제국주의 국가와 일부 국가를 제외하곤 대부분 식민지국으로 구분됐다. 제2차 세계대전이 종결되면서 1960년대에 이르기까지 식민지국은 격렬히 저항했고 대부분 독립을 회복했다.

세계대전이 한창이던 1941년 처칠 수상과 루스벨트 대통령은 대서양 회담을 통해서 전후 질서의 방향으로 모든 국가는 자신이 선택하는 국가와 정부를 선택할 수 있는 권리를 지지하며 유럽 식민주의에 강력히 반대하는 메시지를 보냈다. 이는 이후 유엔의 원칙에도 그대로 반영됐다.

중동과 아프리카 지역은 영국과 이탈리아가 식민지를 보유하고 있었다. 열강은 연합국과 추축국으로 분리되어 전쟁을 벌였고, 전쟁 지역에서는 식민 지배와 피지배국 간에 갈등이 이뤄지면서 민족주의는 거세게 발현됐다. 또한 민족주의는 반제국주의의 맹아를 터뜨렸다.

참전국의 식민지는 제2차 세계대전 이후 대부분 독립했다. 1947년 2월 10일 파리 조약이 연합국과 추축국 이탈리아·헝가리·루마니아·불가리아·핀란드 사이에 체결됐다. 추축국은 배상금을 부과받고 군비의 제한을 받았다. 이탈리아는 해외 식민지를 모두 상실했다. 나머지 나라도 영토를 강제로 할양하고 전쟁 배상금을 물었다. 1951년 리비아는 독립해 왕국을 수립했고, 동아프리카의 에티오피아·에리트레아·소말리아는 각각 독립했다.

연합국이었던 영국이나 프랑스 식민지도 대부분 독립한다. 중동에서 영국의 영향력은 감소했다. 영국은 이란에서 자진 철수했고, 소련도 아제르바이잔과 쿠르드에 잔류하려다 유엔과 국제사회 압력을 받고 물러났다. 미국은 이런 과정에서 이란과 친서구 지원 협상을 맺었다. 이라크에서 영국은 영향력을 유지하게 된다. 그러나 1958년 이라크에서 반

서구 군사 쿠데타가 발생하고 이후 미국과 관계는 악화됐다. 영국은 이집트를 군사기지로 활용해 지중해에서 승리했고, 이후 이집트 내에 친영 내각을 세웠다. 그러나 이집트 내의 민족주의 세력이 확장되면서 1953년 나세르(Gamal Abdel Nasser)에 의한 이집트 아랍 공화국이 수립되면서 영국은 이집트에서 완전히 물러난다. 아프리카 수단에서도 종전 후 영향력을 유지하다가 1954년 수단 공화국이 탄생하는 데 동의한다. 특히 영국은 팔레스타인에서 아랍 국가와 유대인 사이에서 모호한 양다리 정책으로 불씨를 남긴다. 영국은 팔레스타인 문제를 유엔에 넘겨버렸다. 그리고 1948년 5월 14일 이스라엘은 건국을 선포하면서 중동의 새로운 갈등의 씨앗이 됐다.

프랑스도 아프리카와 중동에서 기존의 영향력을 상실한다. 알제리에서 민족해방군과 전쟁을 벌이면서 폭동을 진압하던 프랑스의 잔인한 행동이 국제적으로 알려지고 이후 1962년 알제리 민주 인민공화국으로 독립한다. 그리고 프랑스는 튀니지·모로코의 독립을 인정하고 철수했다. 프랑스는 영국과 함께 점령했던 시리아에서 프랑스도 독립을 인정했고, 레바논도 대전 기간에 독립했으나 이후 아랍과 이스라엘의 분쟁 소용돌이에 빠졌다.

일본이 꿈꿨던 제국은 1951년 9월 8일 샌프란시스코에서

48개국이 서명한 후 발효된 샌프란시스코 강화조약이 체결되면서 소멸됐다. 소련은 미국과 영국이 주도하는 조약에 반대했다가 1956년에야 서명했고, 중국도 국공 내전으로 분단된 상태에서 초청 주체에 대한 논란으로 모두 초청되지 못했고 중화인민공화국은 이 조약을 불법이라고 비난했다. 이 조약을 계기로 일본은 미국과 동맹 관계에 들어서면서 서구 세계의 일원이 됐다. 일본의 침략으로 피해를 본 아시아 여러 나라는 샌프란시스코 체제에 반발했다. 전후 보상 문제에 대한 해결이나 전후 국교 정상화 문제가 명확히 해결되지 않았기 때문이다. 한국도 1965년 한·일기본조약을 통해서 배상청구권을 행사한 결과가 되었으나 아직도 해결되지 못한 깊은 골을 안고 있다. 이 조약에는 피해 당사국이라고 할 수 있는 한국이나 중국이 배제되는 근본적인 문제가 제기되면서 현재까지 계속되고 있다.

일본 침략으로 신음했던 동남아시아 지역의 각 국가 내에서는 민족주의 혁명 세력이 등장하면서 독립을 쟁취하려고 했다. 이 지역에 식민지를 보유했던 영국이나 프랑스는 점차 영향력을 잃어버렸고, 민족주의나 공산주의 세력에 의해 독립했다. 전쟁 후 프랑스가 베트남을 점령했으나 1954년 호찌민에게 타격을 입고 베트남에서 물러났다. 이후 남북으로 분열된 후 오랜 기간 전쟁을 거쳐 1970년대 중반에 공산화됐다. 인도네시아는 수카르노가 독립 공화국을 선포했고 이후 영국군과 네덜란드와 전쟁을 거쳐 1949년에 독립했다. 필리핀은 미국이 독립을 허용해 1946년 독립했으나 공산당 계열의 반군으로 내전을 겪었다.

이처럼 아시아와 태평양 지역에서는 전쟁 이후 30여 년간 수많은 전쟁과 내전이 일어났고 태평양전쟁의 후폭풍으로 인한 희생이 발생했다. 일본은 붕괴됐으나 미국의 안보 우산을 받으며 오히려 막강한 경제발전을 이루며 이후 강대국으로 성장했다. 반면에 아시아 국가는 여전히 일본의 만행과 상처에서 완전히 치유되지는 못했다. 제2차 세계대전 이전에 아시아에서는 일본·중국·태국만이 독립국이었고, 나머지 나라는 일본·영국·프랑스·네덜란드·미국, 그리고 오스트레일리아의 식민지였다. 1970년대에 이르러 아시아 모든 나라는 독립했다.

냉전체제의 형성

    미국과 소련은 제2차 세계대전에서 연합국으로서 협조했다. 동부전선에서 연합국이 승리할 수 있었던 두 가지 요소는 연합국의 전략폭격과 미국의 원조 물자였다. 전략폭격은 독일의 전쟁 수행 능력을 본토 방어로 끌어들이며 가용 역량을 방어에 투입했고, 미국의 소련에 대한 원조 물자는 소련의 전쟁 역량을 제고시킴으로써 결국 독일을 압도할 수 있었다. 그러나 미국과 소련의 협조는 지속할 수 없었다.

    사실 제2차 세계대전 이전과 진행 과정, 그리고 전후 처리 과정에서 미국과 소련은 결코 좋은 관계가 아니었고 국제관계를 보는 관점에서 달랐다. 1917년 러시아 혁명으로 공산화되는 과정에서 윌슨 대통령은 반공 운동을 지원했고 한동안 소련을 합법적 국가로 인정하지 않았다. 제2차 세계대전이 발발하는 과정에서 스탈린이 히틀러와 맺은 독·소 불가침 조약에 미국은 분노했고, 스탈린은 개전 이후 유럽에서 독일을 서부전선으로 압박해주지 않는 데 분노했다.

전쟁이 끝나가면서 미국과 소련은 전후 처리 방식에 이견을 드러내었다. 1945년 2월 루스벨트와 스탈린, 처칠은 얄타 회담에서 독일과 폴란드·일본에 대한 선전포고 등의 문제를 논의했으나 입장 차이를 드러내었다. 독일에 대한 전쟁배상금을 요구하는 소련에 미국은 반대했고, 소련은 영국에 피난 중인 폴란드 정부에 반대하고 공산당이 주도하는 정부를 지원하고자 했다. 루스벨트는 일본 침공이 필요할 경우 소련에 도움을 청했으나, 스탈린은 독일이 항복 후에 공격하겠다고 했다. 특히 폴란드 문제는 두 나라에 큰 부담이었다. 다만 얄타 회담에서 모든 지도자는 국제 평화 유지를 위한 국제기구인 국제연합(United Nations, UN) 창설에 합의했다.

1945년 4월 샌프란시스코에서 유엔의 헌장을 채택하고, 미국·소련·영국·프랑스·중국이 안전보장이사회 상임 이사국으로서 거부권을 갖는 것에 합의했다. 그러나 곧 이은 루스벨트 대통령 사망으로 트루먼(Harry S. Truman) 부통령이 대통령직을 승계했다. 트루먼은 처음에는 소련과 타협할 생각이었으나 소련의 태도에 의구심을 드러냈다.

1945년 7월 포츠담 회담에서는 트루먼이 스탈린과 첫 번째로 만났고, 영국에서는 새롭게 당선된 애틀리(Clement Atlee) 수상이 참석했다. 소련은 독일의 전쟁배상금을 다시 주장했고 미국은 반대했다. 미국은 폴란드 선거에 대한 약속을 받고자 했다. 그리고 미국은 뉴멕시코에서 원자폭탄 실험을 한다고 소련에 과시했으나 스탈린은 무관심한 태도로 애써 이를 무시했다.

미국은 전쟁이 끝나고 유럽과 아시아에서 추축국에 점령된 국가에 민주주의와 경제적인 자유를 가져다주는 것이 미국 이익에 부합된다고 생각했다.

소련은 세계대전 중 엄청난 인명의 희생과 파괴로 고통을 받았기에 전후 소련의 이익을 위한 국제 질서의 조성을 원했다. 이를 위해 국경을 연결하는 동유럽 국가가 소련의 지배를 받는 공산 위성국가를 수립하면서, 전 세계에 공산주의를 확산시키려 했다. 소련은 자본주의 경제를 발전시키려는 세계은행이나 국제통화기금(International Monetary Fund)에 대해 협력은 하지 않고, 동유럽 국가에 대한 공산주의 정부 수립을 지원했다. 폴란드에서는 선거를 지연시키고 반대파를 제거하며 공산 정부를 수립했다. 알바니아·불가리아·체코슬로바키아·헝가리·루마니아에 소련 군대를 보내고 공산당이 권력을 잡도록 만들었다.

스탈린은 1946년 2월 연설을 통해 공산주의가 자본주의를 이기고 궁극적으로 승리할 것이라고 예견했다. 그리고 전 세계 공산당을 확산시키기 위해 1947년 9월 바르샤바에서 코민포름(Communist Information Bureau, Cominform)을 설립했다. 스탈린의 연설 후 미국을 방문하고 있던 처칠 전 영국 총리는 1946년 3월 5일 미주리주 풀턴의 웨스트민스터 대학교에서 스탈린에 반대 연설을 했다.

"발트해의 슈체친(폴란드 북서부 항구도시)에서부터 아드리아해의 트리에스테(이탈리아 인접 슬로베니아의 국경도시)에 이르기까지 철의 장막이 유럽 대륙 전체에 드리워졌다. 이 선 너머에 중부와 동부 유럽의 모든 수도가 있다. 공산당은 동부 유럽 국가에서 소수지만 그들의 수를 훨씬 넘어서는 영향력을 가진 정치 세력으로 부상했고 모든 곳에서 전제주의적인 통제를 획득하려고 했다. 이것은 우리가 건설하려고 싸워온 해방된 유럽의 모습이 아니다. 또한 영원한 평화의 핵심적 요소를 품고 있지도 않다"고 말했다. 이 말은 1991년 냉전이 종식될 때까지 국제정치 현실을 상징하는 용어가 됐다.

미국의 외교관 케넌(George Frost Kennan)은 1946년 7월 「포린 어페어스」에 기고한 논문에서 소련은 사회주의와 자본주의가 영원히 행복하게 공존할 가능성에 대한 믿음이 없고 공산주의가 궁극적으로 승리할 것으로 확신하고 있다고 경고했다. 그러므로 소련을 위축시키거나 패배시키기 위해서는 지속적이고 장기적인 정책이 필요하고 소련의 팽창에 경각심을 갖고 봉쇄하는 것을 미국 외교정책으로 삼아야 한다고 주장했다. 그리고 당시 동유럽은 이미 소련에 넘어갔으나 지구상의 다른 지역에서 공산주의 정부를 수립하려는 시도가 저지되어야 한다고 강조했다.

봉쇄정책은 트루먼 독트린으로 국제정치 현장에서 곧바로 적용됐다. 당시 유럽에서는 스탈린이 터키의 다르다넬스 해협을 장악하고자 마수를 드러내었고, 그리스에서는 공산주의자들이 준동해 복귀한 정부를 전복하려고 했다. 영국은 미국에 이 지역의 방어를 제안했다. 미 국무부는 의회를 설득했고, 트루먼은 의회 연설을 통해 냉전 시기 미국의 외교정책의 한 방향으로 봉쇄정책을 천명했다.

냉전의 형성과 궤를 같이하는 미국의 외교정책으로 마셜 플랜(Marshall Plan) 혹은 유럽부흥계획(European Recovery Program, ERP)은 공산주의 확산을 막기 위해 시도됐다. 제2차 세계대전으로 폐허가 된 유럽 국가는 1947년 초까지도 위기에서 탈출할 수 있는 여건이 되지 못했다. 전후 문제와 소련의 팽창주의 위협은 점증됐다. 미국은 경제협력개발기구에 가입한 유럽 국가에 1947년 말부터 4년 동안 130억 달러의 경제적·기술적 지원을 해주었다. 원조가 끝난 후 독일을 제외한 모든 국가 경제력은 전쟁 전 수준으로 회복되었고, 이후 20년간 서유럽 국가는 유례없는 성장과 번영을 누렸다. 이는 이후 유럽 통합의 첫 번째 계기가 된 성공적인 정책이었음은 부인할 수 없다. 역설적이지만 마셜 플랜은 냉전의 기원 및 심화 요인으로 비판되기도 한다.

봉쇄정책과 마셜 플랜은 궤를 같이해 국제사회에 영향을 미쳤다. 이로써 유럽은 물론 아시아에서도 냉전이 가속화되었다. 1948년 소련은 베를린을 봉쇄하는 사건이 발생했다. 서구는 서베를린에 대한 물자 공수로 스탈린을 놀라게 했고, 스탈린은 모든 육상 교통로를 정비하고 재개통을 선언했다. 스탈린의 의도와 다르게 서베를린 내 공산당에 대한 지지는 더욱 떨어졌고 이 사건으로 1949년 4월 북대서양조약기구(NATO)가 창설되는 계기가 됐다. 아시아에서는 중국이 1949년 공산화되었고, 1950년 북한은 한반도를 공산화하기 위해 스탈린과 마오쩌둥의 사주를 받고 남침했다.

국제연합(UN)과 새로운 질서

제1차 세계대전 이후 탄생한 국제연맹은 국제사회에 평화를 가져다주지 못했고 제2차 세계대전에서는 유엔이 계승자로서 등장했다. 유엔은 대전 기간 중인 1941년 루스벨트 미국 대통령이 처음 제안했다. 그리고 1942년 1월 1일에 발표된 연합국 공동선언에서 이 명칭을 처음 사용했다.

유엔 창설에 대한 구상은 1943년 10월 미국·영국·소련 3개국 대표가 참석한 모스크바 회담과 테헤란 회담에서 구체화했다. 그리고 1945년 2월에 열린 얄타 회담과 뒤이은 회담을 통해 유엔의 목적, 회원국과 기구, 국제평화와 안보 유지, 국제 협력을 논의했다. 얄타 회담에서는 연합국으로 참전한 나라에 유엔 가입을 개방하는 것에 합의했다.

1945년 4월 25일 샌프란시스코에서 국제기구에 관한 연합국 회의가 열렸고, 연합국 50개국 대표는 1945년 6월 25일 11개 조항으로 구성된 유엔 헌장에 합의했으며 6월 26일 헌장에 서명했다. 그리고 1945년 10월 24일 유엔 창설과 함께 유엔 안전보장이사회 상임이사국으로 미국·영국·소련·프랑스·중국을 비롯한 51개 회원국이 유엔 헌장을 비준했다. 미국의 상원과 하원에서는 유엔 본부를 미국에 설치하는 안을 만장일치로 통과시키고 뉴욕에 본부를 설치했다.

유엔은 이후 국제 질서의 변화와 흐름에 많은 영향을 미쳤다. 아쉽게도 초창기에는 냉전 체제의 형성으로 유엔 역할이 무력화되는 원인이 됐다.

양극체제에서 유엔은 이념·정치·군사적 대립과 갈등의 무대가 될 수밖에 없었다. 더구나 유엔에서 실질적 권한을 행사하는 안전보장이사회는 미국과 소련의 거부권 행사로 그 기능이 거의 마비됐다. 그나마 1950년 북한의 남침 이후 안전보장이사회에서 유엔군이 파견될 수 있었던 것은 소련이 기권했기 때문이다.

그러나 탈냉전 이후 유엔 회원국이 증가하면서 유엔의 기능과 역할은 확대되고 있다. 현재까지도 유엔은 안전보장이사회 5대 강대국의 권능이 총회에 우선하는 구조적 의존에 대한 비판을 받고 있다. 최초 51개국이었던 유엔은 전 지구를 아우르는 국제적 기구로 성장해왔다. 유엔은 제2차 세계대전의 적대국이었던 일본·독일·이탈리아를 가입시켰고, 한국전쟁에서 유엔의 적대국이었던 중화인민공화국을 1973년 상임이사국으로 받아들였다.

20세기 중반부 신생 독립국이 증가하면서 많은 나라가 유엔회원국이 됐다. 신생 독립국은 한때 유엔을 무대로 비동맹 그룹 혹은 제3 세계로 결집력을 발휘했다.

탈냉전으로 독립국이 늘어나면서 가입국은 더욱 늘어났고, 남한과 북한의 가입을 거쳐 2011년 남수단 가입으로 193개국으로 확대됐다.

유엔의 역할과 현실에 대해서는 긍정적 평가와 부정적 평가가 혼재한다. 유엔 평화 유지군이라는 이름으로 세계의 분쟁에 개입해 세계 평화에 이바지하고 있다. 그러나 군사적 측면에서는 한국전쟁의 참전을 제외하고 사실상 유엔의 군사적 권능은 매우 미약하고 구조적 한계를 가졌다.

반면에 유엔은 외교·경제·무역·조약·인권·환경·빈곤·핵문제 등에서 가장 많은 역할을 하고 있어서 지구 내에 어떤 기구와 비견될 수 없다.

세계 식량 기구·만국 우편 연합·세계보건기구 등 17개 전문기구와 기금, 그리고 관련된 수많은 유관 단체와 활동을 통해 국제 평화에 일정한 역할을 하고 있다. 대중의 인식과 국제정치 현실에서 유엔의 모습과 평가는 극과 극을 보인다. 그러나 국제사회에서 전쟁을 방지하고 평화를 유지하기 위해서 유엔에 대한 기대를 저버릴 수 없다. 여전히 유엔은 인류가 기댈 수 있는 하나의 희망이다.

전쟁사적 의의

제2차 세계대전은 전쟁사적인 관점에서도 다양한 유산을 남겨주었다. 이미 앞에서 언급했듯이 복잡한 원인으로 비롯된 세계대전이었지만 무엇보다도 이념이 우선적인 영향을 미쳤기에 제2차 세계대전은 이념 전쟁으로 분류될 수 있다. 따라서 제2차 세계대전은 제1차 세계대전과 비교될 수 없을 정도로 무자비한 전쟁이 됐다. 제1차 세계대전으로 나타난 총력전의 양상에 덧붙여 누구도 통제할 수 없이 진행된 제한 없는 전쟁이었다. 추축국의 벼랑 끝 전술에 맞대응하면서 이에 질 수 없다는 절박감으로 양측은 결국 자국의 운명을 스스로 감당할 수 없는 상황으로 내몰았다. 그 결과는 양측에 엄청난 희생과 대가를 요구했다. 인간이 얼마나 잔혹해질 수 있는지를 비극적으로 보여주었다.

궁극적으로 연합국이 왜 전쟁에서 승리할 수 있었는가? 전쟁 초기 추축국이 보여준 신출귀몰한 전격전의 신화는 전쟁의 승리로 귀결되지 못했다. 연합국이 승리했던 이유는 장기적으로 월등한 전쟁 수행 능력의 보유 여부였다.

스탈린이 제2차 세계대전에서 몰락하지 않고 성공한 원인도 초반 독일의 공격을 받고 철수하면서도 전쟁 수행에 필요한 공업 시설과 인력을 동부로 기적적으로 이동시켰기 때문이다. 이윽고 미국의 참전으로 연합국의 전쟁 수행 능력은 배가됐다. 제1차 세계대전에서 수많은 군인을 전쟁터의 이슬로 사라지게 했던 정신적 요소보다는 물질적 요소가 전쟁을 지배했고 이는 궁극적으로 전쟁의 승리로 귀결됐다.

제2차 세계대전에서 각국의 전쟁 리더십은 전쟁을 이해하는 데 매우 중요하다. 각국 최고 지도자들의 리더십은 전쟁 기간 자국 이익과 국민 행복에 어떻게 작용하는지를 엿볼 수 있게 해줄 것이다. 먼저 제2차 세계대전에서는 전쟁광이나 독재자로 불리는 히틀러에 대한 평가 없이는 설명하기 어렵다. 개전 초기 히틀러는 전략적으로 적절한 결정을 했고, 이는 군사적·정치적 승리로 이어지면서 행운아이거나 정치적 천재임을 보여주었다. 심지어 연합국 지도자들은 히틀러 눈치를 보고 적절히 속아주기도 했다. 그러나 역사적인 평가에서 히틀러의 가장 큰 실수는 모스크바를 공격한 것이라는 점에는 대부분 동의한다. 그리고 미국을 공격한 일본과 협정을 맺었다. 너무 힘이 센 나라를 많이 건드렸다. 최초 히틀러는 그저 유럽의 패권을 잡으려 했을 뿐이었다는 주장이 설득력 있다면, 결국은 인간이 극복할 수 없는 오만의 굴레에서 히틀러도 벗어날 수 없었다고 해야 할 것이다.

히틀러에 맞선 유럽의 첫 번째 지도자로서 영국의 처칠 수상을 내세우는 데 이견이 없을 것이다. 시종일관 히틀러의 침략을 규탄하고 유럽을 구하는 데 선두에 섰던 지도자는 처칠이었다.

위기에 처한 영국과 유럽을 이끈 전시 수상이었다는 그의 평가는 상징적으로나마 의미가 있다. 패배한 것처럼 보이는 상황에서도 절대로 포기하지 않고 국민을 이끌고 나갈 수 있는 지도자의 비전과 리더십을 보여주었다.

세계대전을 통해서 전략적·실질적으로 국가이익을 챙긴 나라는 소련이었다. 스탈린은 제2차 세계대전 이전에 이미 폭압적인 방법을 통해 독재 권력을 수립했다. 제2차 세계대전에서 스탈린은 애국심을 활용해 소련인의 역량을 전쟁 수행에 집중시키며 전쟁을 승리로 이끌었다. 더욱이 그는 제2차 세계대전의 전유물로 동유럽을 장악해 공산화를 이

루었다. 아시아에서도 대일 참전을 통해 사할린섬을 탈환하는 등 실리를 톡톡히 챙겼다. 스탈린의 야욕을 간파한 처칠을 비롯한 유럽 지도자에게 경계의 대상이었지만 영리한 공산주의 지도자로서 실속을 챙겼다고 할 것이다.

1941년 일본의 진주만 기습 이후 전쟁에 합류한 미국의 루스벨트 대통령은 전후 질서의 구상을 제시했다. 1941년 처칠과 대서양 회담을 통해 대서양 헌장에 합의했다. 다만 스탈린과 협상에서 많은 양보를 했다는 비판을 받는다. 아시아의 종전 처리 과정에서 전쟁을 조속히 끝내고자 스탈린의 참전을 요청하는 실수도 했다. 루스벨트는 미국 스스로가 세계 초강대국으로서 군림할 것이라는 예측에 겸손했던 것이 아닌가 생각된다.

다음으로 제2차 세계대전에서 전쟁 양상은 제1차 세계대전이 평면적이었다면 입체전과 핵전쟁으로 진화됐다. 과학기술 발전으로 공중까지 전장의 영역으로 확장되었고, 핵무기가 등장하면서 새로운 전쟁의 형태를 만들어내었다.

제1차 세계대전에서 무기는 지상의 좁은 공간이었다면 전장을 보는 능력이나 타격 능력에 공군력이 추가되면서 공군이 차지하는 중요성이 획기적으로 두드러졌다. 이와 함께 해상작전 능력에서 과학적 진보와 전쟁 영역은 입체적으로 확대됐다. 현대전에서 육군에 못지않게 해군과 공군력의 증

강은 전쟁 승리에 매우 중요한 요소가 됐다.

또한 무기체계의 발전은 전쟁 전략이나 전술을 바꿔놓았다. 동시에 인류를 살상하기 위해 개발된 무기체계의 발전으로 구축된 기술은 역설적으로 인류 삶의 질을 향상시키는 데에도 이바지했다. 전장에서의 전쟁 영역, 무기 치명도나 살상력은 비교할 수 없을 정도로 커지면서 현대전에서는 사이버나 우주 공간까지 영역이 확장되는 터전이 마련됐다.

제2차 세계대전의 종결 국면에서 미국 핵무기가 일본에 투하되면서 이른바 핵전쟁의 시대가 시작됐다. 그리고 이후부터 인류는 핵을 막기 위해 핵을 만드는 모순적인 노력에 역량을 집중했다.

동시에 인류는 핵전쟁을 방지하려는 노력에도 전전긍긍했다. 제3차 핵전쟁에 대한 두려움은 1962년 쿠바 위기에서 소련과 미국의 대결로 표출됐다.

핵시대의 도래로 이를 모면하기 위한 새로운 형태의 전쟁이 시도됐다. 전쟁의 위험을 최소화하기 위해서 이른바 제한전쟁이라는 회피 방안이 모색됐다.

냉전을 치닫는 상황에서 1950년 한국전쟁이 발발하자 미국은 제3차 세계대전의 발발 가능성을 회피하기 위해서 한반도라는 제한된 지역에서, 재래식 무기만을 사용해, 최단기간 내 전쟁을 종결시키려는 제한 전쟁을 구상하고 실행했다.

제2차 세계대전의 처리 과정에서는 국제적으로도 전례없는 전쟁범죄자를 처벌하는 국제 재판이 독일과 일본에서 열렸다. 승전국이 패전국을 법적으로 심판했다. 아울러 소련과 같이 학살을 자행한 국가가 재판정에 앉아서 전쟁범죄를 재판하는 모순을 보여주면서 국제정치적 현실을 직시하게 된다.

뉘른베르크에서 독일의 전범들은 침략전쟁의 계획·실행과 전쟁 범죄, 유대인 학살과 같은 비인도적 범죄 등의 이유로 기소됐다.

당시 뉘른베르크 전범 재판에서 논쟁이 되었던 문제는 명령을 받는 위치에 있는 병들과 부사관들이 지은 죄에 대해서는 처벌해야 하는가였다.

도쿄 전범 재판에서는 인간선언을 한 일왕을 처벌하지 않았다. 일왕 등 관련자에 대한 처벌과 색출이 철저하게 되지 않으면서 졸속으로 처리했다는 비판이 우세하다.

냉전 체제가 격화되면서 미국은 일본을 반공 전선의 보루로 격상시켰기 때문이다. 이로 인해 일본의 우익은 일본이 독일과 같은 전범 국가가 아니라는 믿음을 갖게 됐다는 비난을 받았다.

제2차 세계대전은 마침내 종전되었고 오랜 시간이 지났다. 그러나 지구상의 한구석에서는 여전히 전쟁이 벌어지고

있다. 정치가 전쟁을 통제하지 못하면서 비극은 되풀이되고
있다.

　인류사적 비극을 지켜보면서 평화, 평화를 지킬 힘 그리
고 힘을 자제할 수 있는 정신적 가치에 대해서 생각해본다.

주

1) 프랑스의 정치사회학자 알렉시스 드 토크빌(Alexis de Tocqueville)이 명
   명했다.

2) 국가나 집단의 전체를 개인보다도 우위에 두고, 개인 전체의 존립과 발전
   을 위한 수단으로 여기는 사상으로서 극우와 권위적 극좌의 정치 성향에
   서 공통분모로 나타나는 성향이다.

3) 한나 아렌트, 이진우·박미애 옮김, 『전체주의의 기원』, 한길사, 2006.

4) 당시 독일의 정당인 민족 사회주의 독일 노동자당(Nationalsozialistische
   Deutsche Arbeiterpartei, NSDAP)의 이념이나 노선에 동조하는 사람들이
   나 당원을 가리킨다.

5) 중국 국민당과 공산당 사이에 일어난 두 차례의 내전으로서 제1차 국공
   내전(1927~1936)과 제2차 국공 내전(1946~1950)으로 구분한다.

참고문헌

아렌트, 한나, 이진우·박미애 옮김, 『전체주의의 기원』, 한길사, 2006.

프랑스엔 〈크세주〉, 일본엔 〈이와나미 문고〉, 한국에는 〈살림지식총서〉가 있습니다.

제2차 세계대전 탐욕과 이념의 대충돌

펴낸날	초판 1쇄 2019년 1월 3일

지은이	윤형호
펴낸이	심만수
펴낸곳	(주)살림출판사
출판등록	1989년 11월 1일 제9-210호

주소	경기도 파주시 광인사길 30
전화	031-955-1350 팩스 031-624-1356
홈페이지	http://www.sallimbooks.com
이메일	book@sallimbooks.com

ISBN	978-89-522-4002-6 04080
	978-89-522-0096-9 04080 (세트)

이 도서의 국립중앙도서관 출판시도서목록(CIP)은 서지정보유통지원시스템 홈페이지
(http://seoji.nl.go.kr)와 국가자료공동목록시스템(http://www.nl.go.kr/kolisnet)에서
이용하실 수 있습니다.(CIP제어번호: CIP2018037551)

책임편집·교정교열 **최문용**

085 책과 세계

강유원(철학자)

책이라는 텍스트는 본래 세계라는 맥락에서 생겨났다. 인류가 남긴 고전의 중요성은 바로 우리가 가 볼 수 없는 세계를 글자라는 매개를 통해서 우리에게 생생하게 전해 주는 것이다. 이 책은 역사라는 시간과 지상이라고 하는 공간 속에 나타났던 텍스트를 통해 고전에 담겨진 사회와 사상을 드러내려 한다.

056 중국의 고구려사 왜곡   eBook

최광식(고려대 한국사학과 교수)

중국의 고구려사 왜곡의 숨은 의도와 논리, 그리고 우리의 대응 방안을 다뤘다. 저자는 동북공정이 국가 차원에서 진행되는 정치적 프로젝트임을 치밀하게 증언한다. 경제적 목적과 영토 확장의 이해관계 등이 복잡하게 얽혀 있는 동북공정의 진정한 배경에 대한 설명, 고구려의 역사적 정체성에 대한 문제, 고구려사 왜곡에 대한 우리의 대처방법 등이 소개된다.

291 프랑스 혁명   eBook

서정복(충남대 사학과 교수)

프랑스 혁명은 시민혁명의 모델이자 근대 시민국가 탄생의 상징이지만, 그 실상을 아는 사람은 많지 않다. 프랑스 혁명이 바스티유 습격 이전에 이미 시작되었으며, 자유와 평등 그리고 공화정의 꽃을 피기 위해 너무 많은 피를 흘렸고, 혁명의 과정에서 해방과 공포가 엇갈리고 있었다는 등의 이야기를 통해 프랑스 혁명의 실상을 소개한다.

139 신용하 교수의 독도 이야기   eBook

신용하(백범학술원 원장)

사학계의 원로이자 독도 관련 연구의 대가인 신용하 교수가 일본의 독도 영토 편입문제를 걱정하며 일반 독자가 읽기 쉽게 쓴 책. 저자는 역사적으로나 국제법상으로 실효적 점유상으로나, 어느 측면에서 보아도 독도는 명백하게 우리 땅이라고 주장하며 여러 가지 역사적인 자료를 제시한다.

144 페르시아 문화

신규섭(한국외대 연구교수)

인류 최초 문명의 뿌리에서 뻗어 나와 아랍을 넘어 중국, 인도와 파키스탄, 심지어 그리스에까지 흔적을 남긴 페르시아 문화에 대한 개론서. 이 책은 오랫동안 베일에 가려 있던 페르시아 문명을 소개하여 이슬람에 대한 편견과 오해를 바로 잡는다. 이태백이 이 관계였다는 사실, 돈황과 서역, 이란의 현대 문화 등이 서술된다.

086 유럽왕실의 탄생

김현수(단국대 역사학과 교수)

인류에게 '예술과 문명' 그리고 '근대와 국가'라는 개념을 선사한 유럽왕실. 유럽왕실의 탄생배경과 그 정체성은 무엇인가? 이 책은 게르만의 한 종족인 프랑크족과 메로빙거 왕조, 프랑스의 카페 왕조, 독일의 작센 왕조, 잉글랜드의 웨섹스 왕조 등 수많은 왕조의 출현과 쇠퇴를 통해 유럽 역사의 변천을 소개한다.

016 이슬람 문화

이희수(한양대 문화인류학과 교수)

이슬람교와 무슬림의 삶, 테러와 팔레스타인 문제 등 이슬람 문화 전반을 다룬 책. 저자는 그들의 멋과 가치관을 흥미롭게 설명하면서 한편으로 오해와 편견에 사로잡혀 있던 시각의 일대 전환을 요구한다. 이슬람교와 기독교의 관계, 무슬림의 삶과 낭만, 이슬람 원리주의와 지하드의 실상, 팔레스타인 분할 과정 등의 내용이 소개된다.

100 여행 이야기

이진홍(한국외대 강사)

이 책은 여행의 본질 위를 '길거리의 철학자'처럼 편안하게 소요한다. 먼저 여행의 역사를 더듬어 봄으로써 여행이 어떻게 인류 역사의 형성과 같이해 왔는지를 생각하고, 다음으로 여행의 사회학적 · 심리학적 의미를 추적함으로써 여행에 어떤 의미를 부여할 것인가에 대해 말한다. 또한 우리의 내면과 여행의 관계 정의를 시도한다.

293 문화대혁명 중국 현대사의 트라우마

eBook

백승욱(중앙대 사회학과 교수)

중국의 문화대혁명은 한두 줄의 정부 공식 입장을 통해 정리될 수 없는 중대한 사건이다. 20세기 중국의 모든 모순은 사실 문화대혁명 시기에 집중되어 있다고 해도 과언이 아니다. 사회주의 시기의 국가 · 당 · 대중의 모순이라는 문제의 복판에서 문화대혁명을 다시 읽을 필요가 있는 지금, 이 책은 문화대혁명에 대한 안내자가 될 것이다.

174 정치의 원형을 찾아서

eBook

최자영(부산외국어대학교 HK교수)

인류가 걸어온 모든 정치체제들을 매우 짧은 기간 동안 시험하고 정비한 나라, 그리스. 이 책은 과두정, 민주정, 참주정 등 고대 그리스의 정치사를 추적하고, 정치가들의 파란만장한 일화 등을 소개하고 있다. 특히 이 책의 저자는 아테네인들이 추구했던 정치방법이 오늘 우리 사회가 당면한 문제를 해결할 수 있는 지혜의 발견에 도움을 줄 수 있을 것이라고 말한다.

420 위대한 도서관 건축순례

eBook

최정태(부산대학교 명예교수)

이 책은 도서관의 건축을 중심으로 다룬 일종의 기행문이다. 고대 도서관에서부터 21세기에 완공된 최첨단 도서관까지, 필자는 가능한 많은 도서관을 직접 찾아보려고 애썼다. 미처 방문하지 못한 도서관에 대해서는 문헌과 그림 등 가능한 많은 정보를 수집하려 노력했다. 필자의 단상들을 함께 읽는 동안 우리 사회에서 도서관이 차지하는 의미에 대해 다시 생각하게 된다.

421 아름다운 도서관 오디세이

eBook

최정태(부산대학교 명예교수)

이 책은 문헌정보학과에서 자료 조직을 공부하고 평생을 도서관에 몸담았던 한 도서관 애찬가의 고백이다. 필자는 퇴임 후 지금까지 도서관을 돌아다니면서 직접 보고 배운 것이 40여 년 동안 강단과 현장에서 보고 얻은 이야기보다 훨씬 많았다고 말한다. '세계 도서관 여행 가이드'라 불러도 손색없을 만큼 풍부하고 다채로운 내용이 이 한 권에 담겼다.

eBook 표시가 되어있는 도서는 전자책으로 구매가 가능합니다.

㈜살림출판사
www.sallimbooks.com
주소 경기도 파주시 문발동 522-1 | 전화 031-955-1350 | 팩스 031-955-1355